ISBN 9798731424837

Copyright 2021 by Laura Quinn
Worldwide Electronic & Digital Rights
Worldwide English Language Print Rights

All rights reserved. No part of this book may be reproduced, scanned or distributed in any form, including digital and electronic or mechanical, including photocopying, recording, or by any information storage and retrieval system, without the prior written consent of the Publisher, except for brief quotes for use in reviews.

This book is for entertainment purposes only.

I am

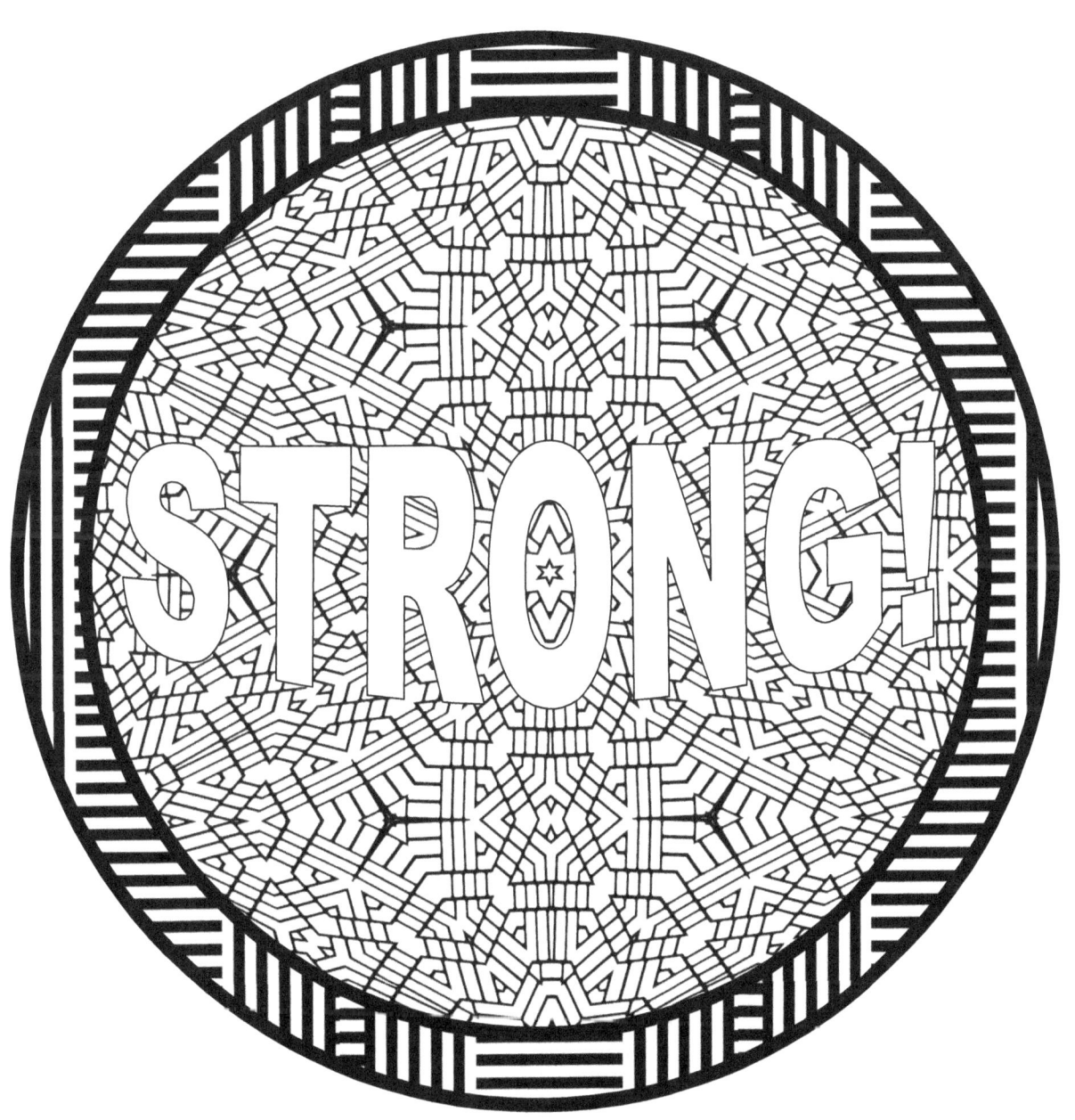

I

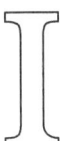

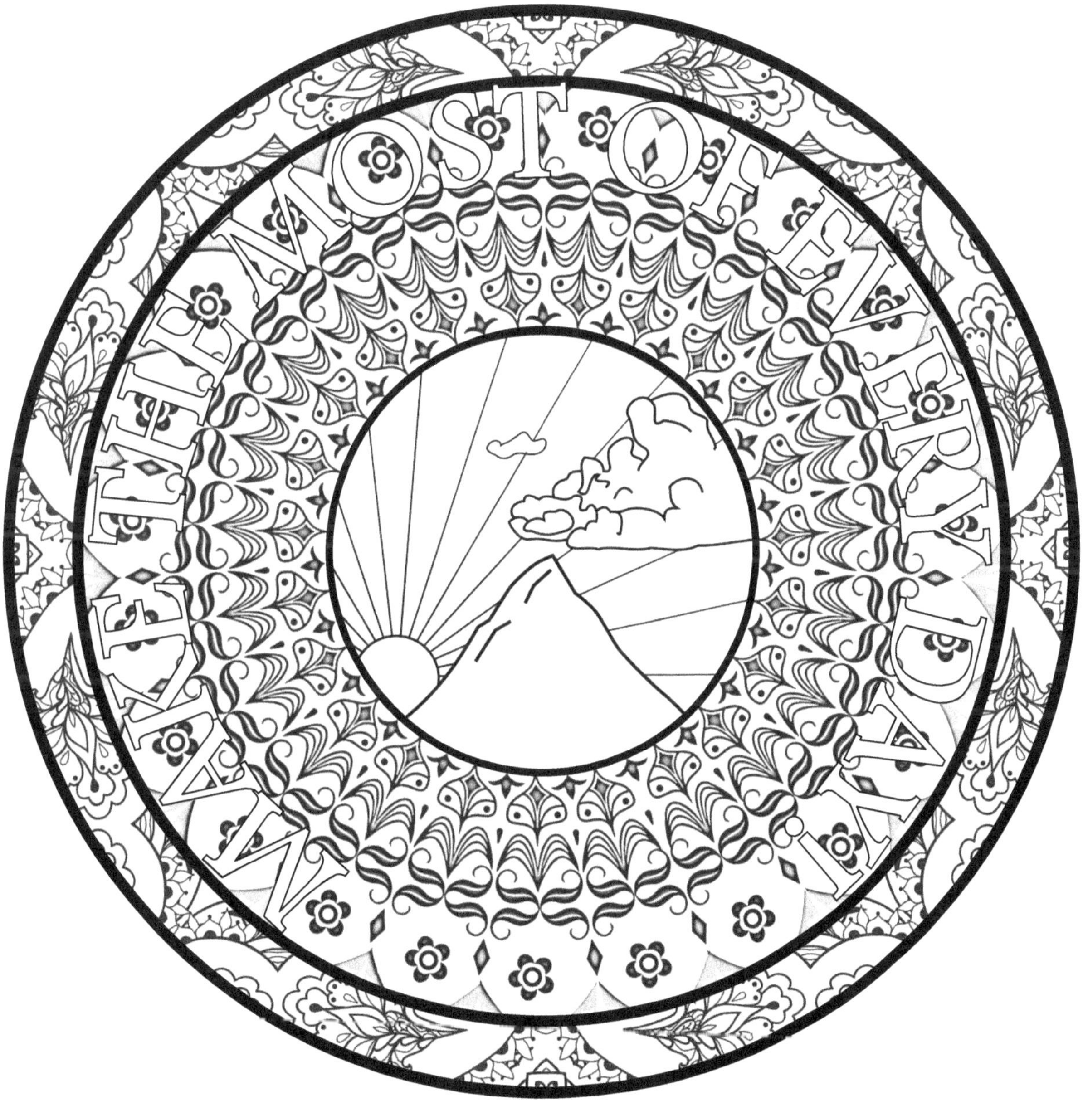

MAKE THE MOST OF EVERY DAY!

I AM

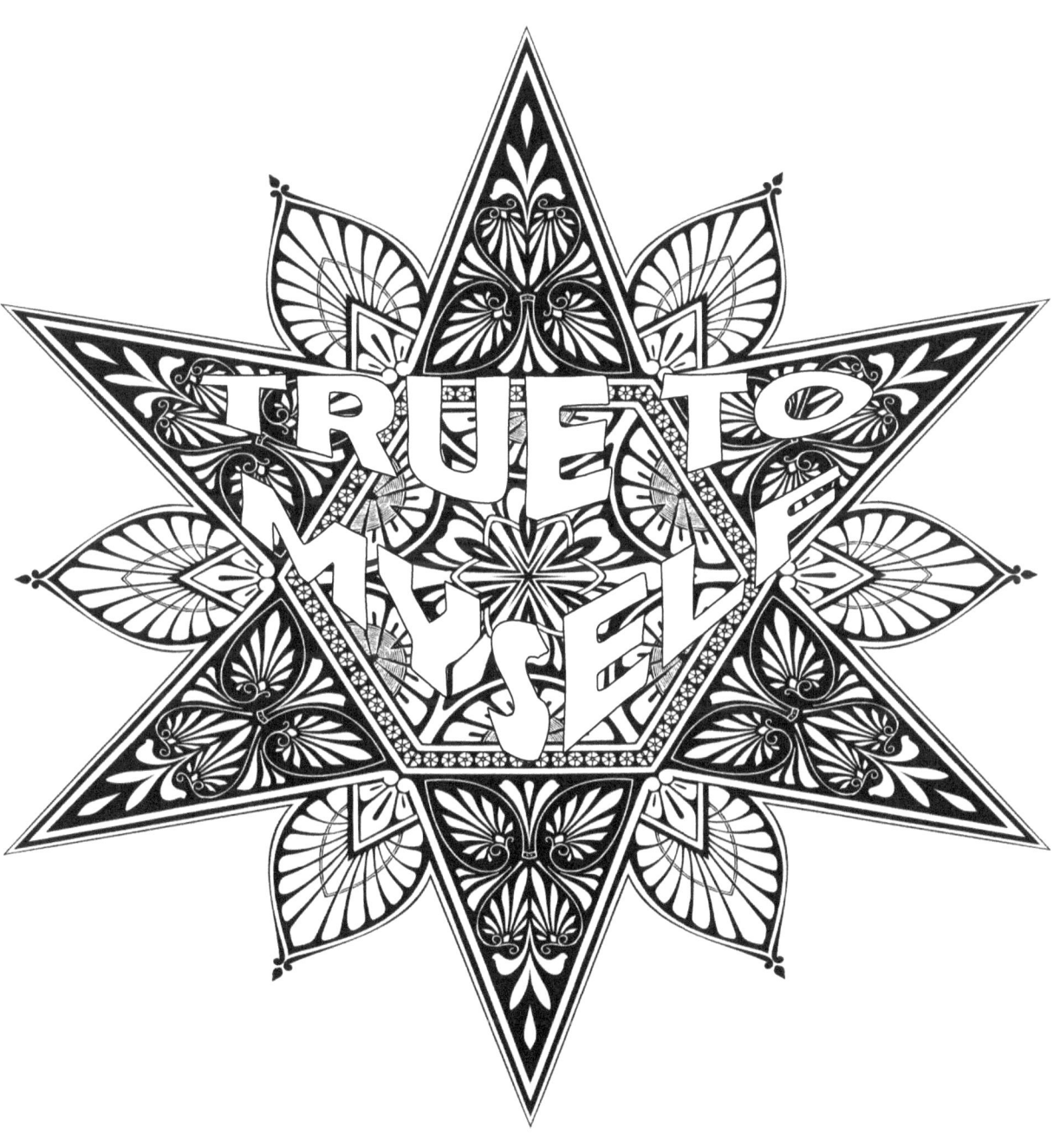

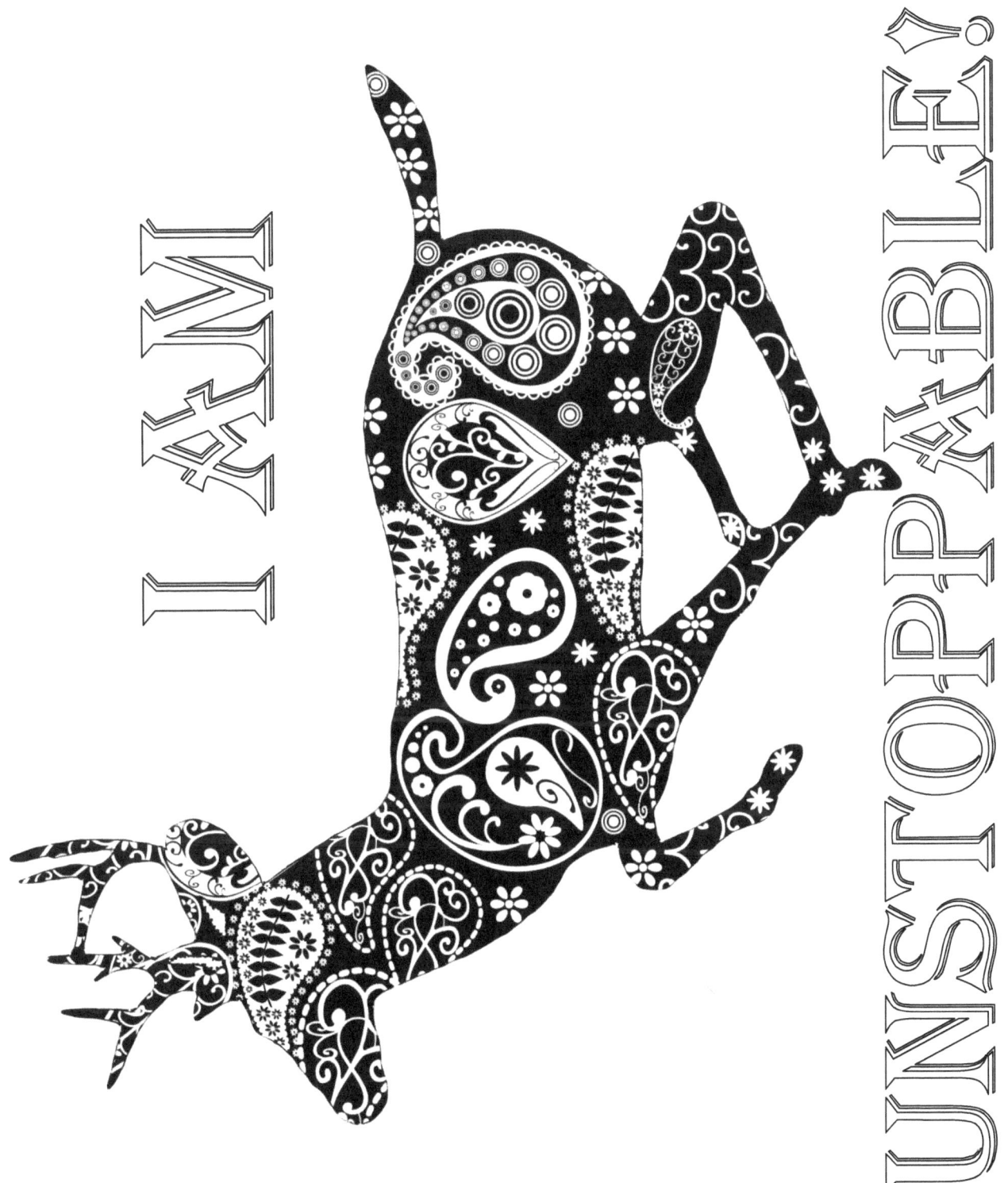

I AM

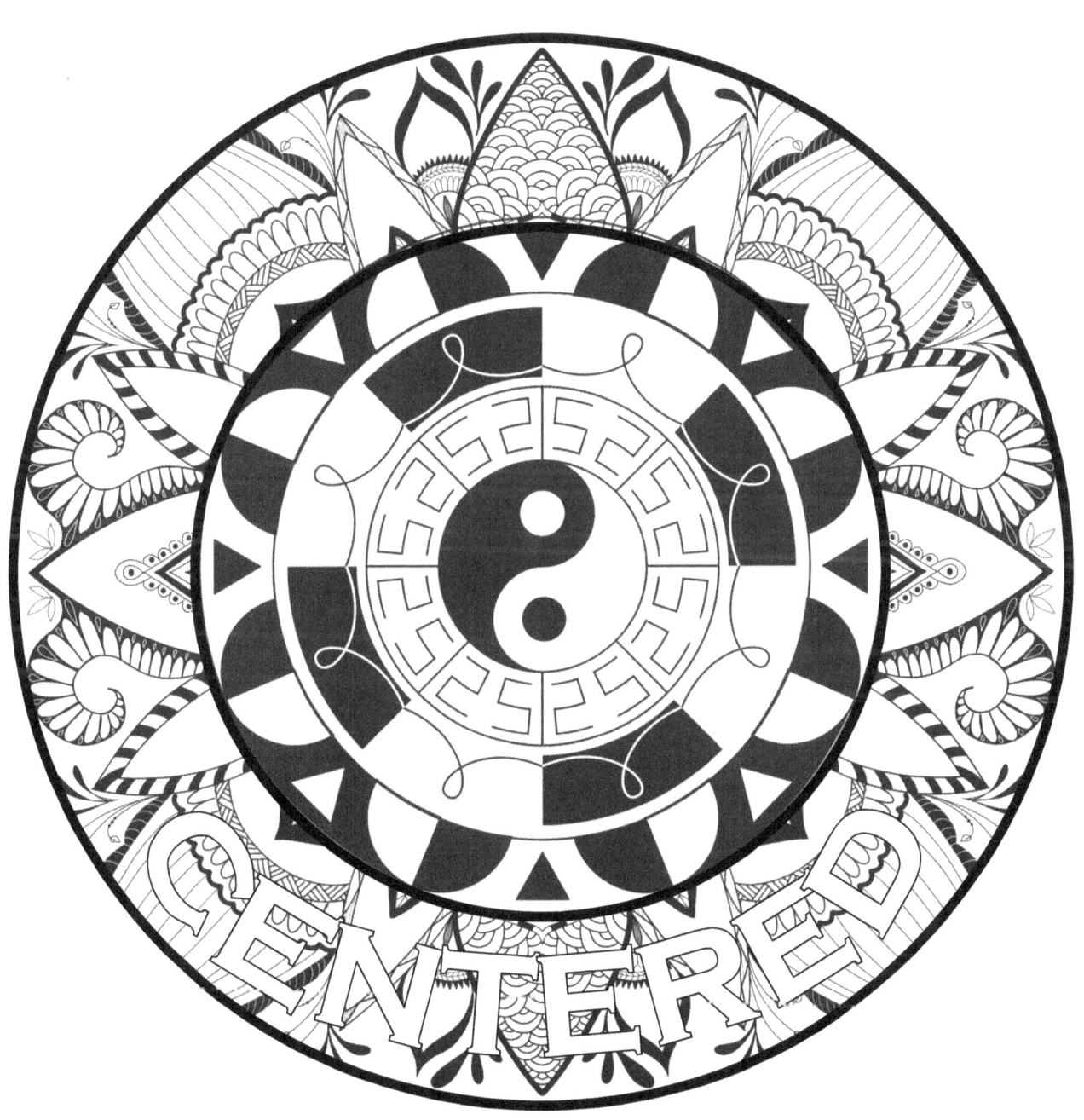

I AM

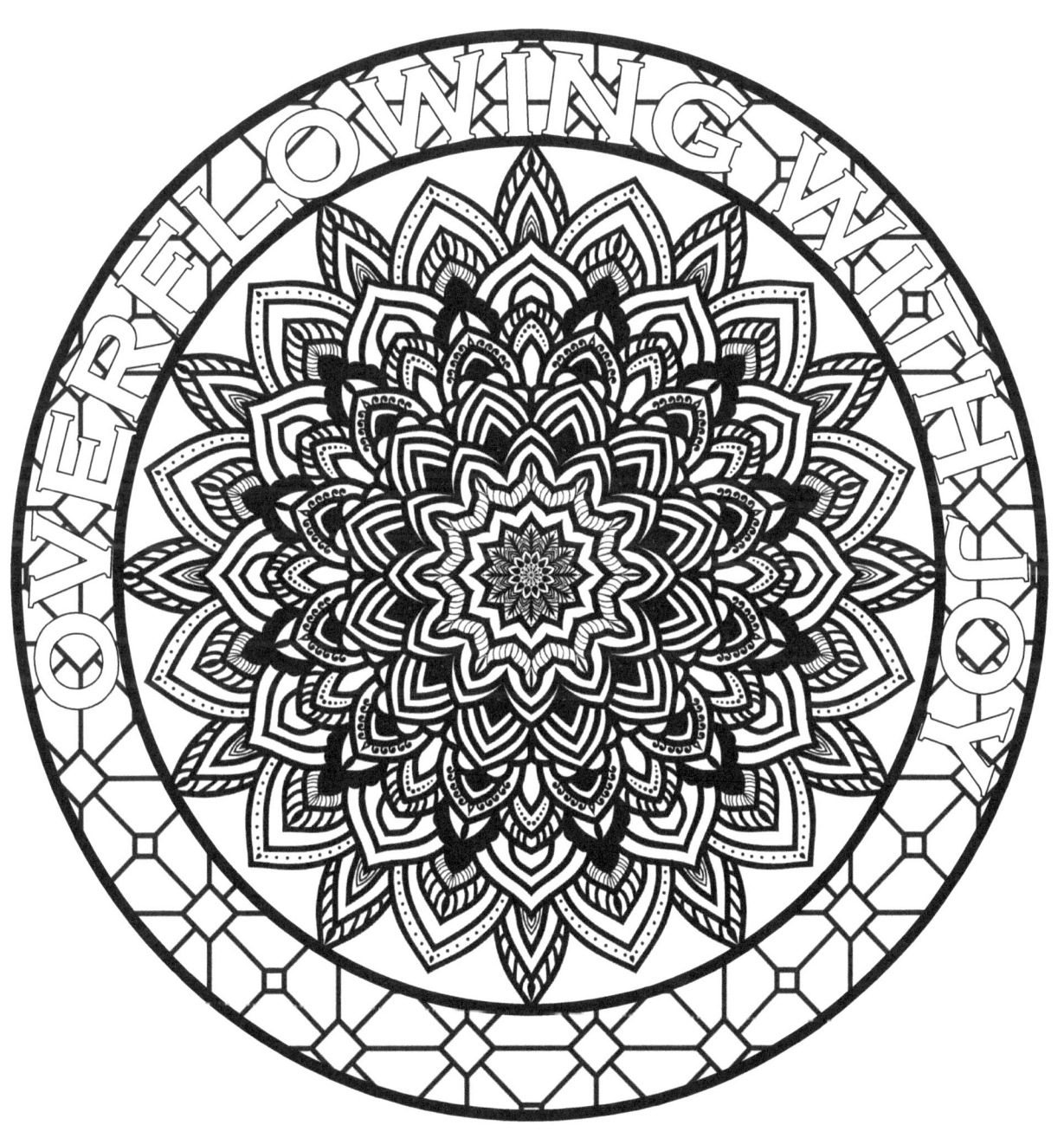

I am

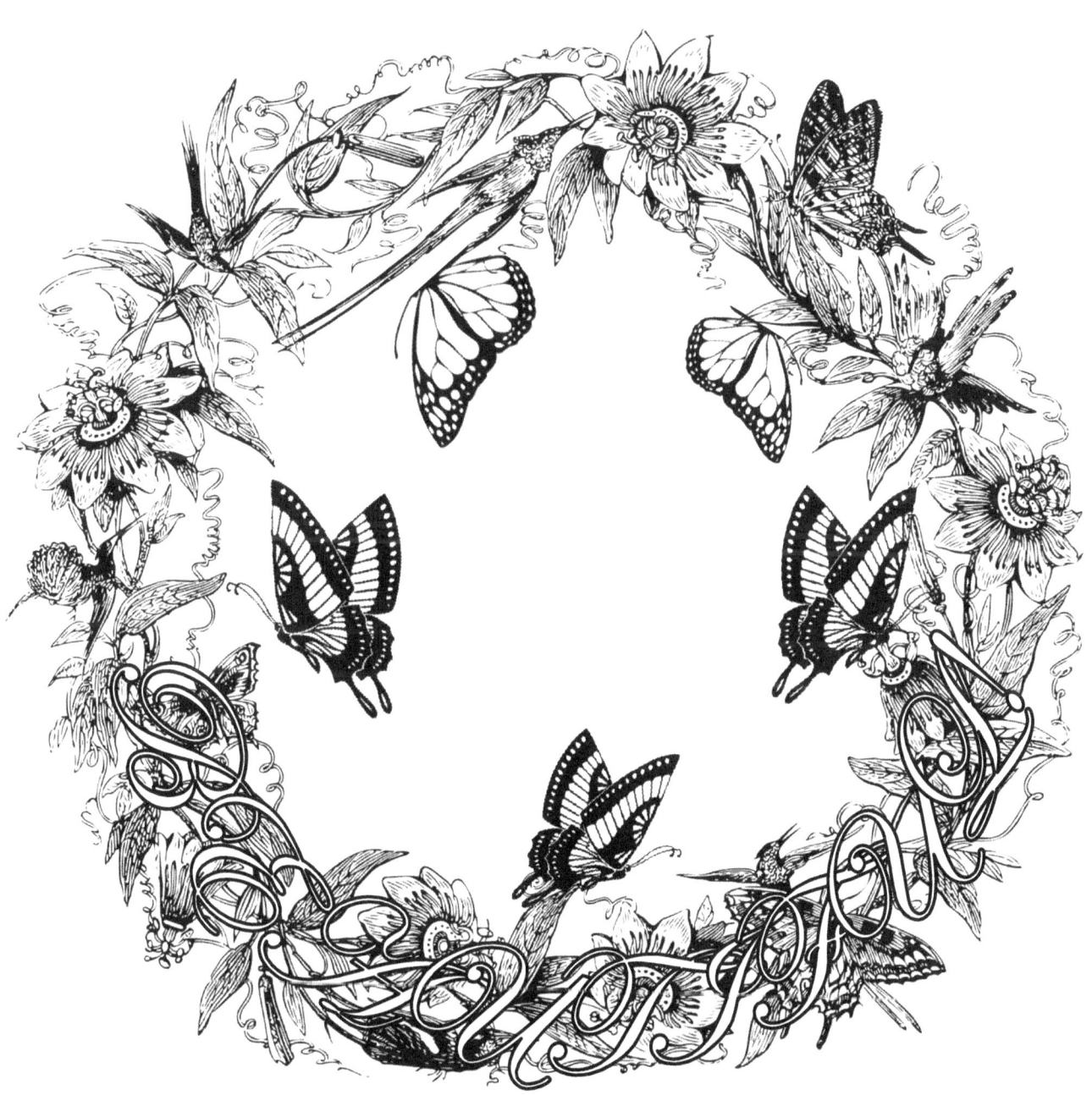
Beautiful

I AM

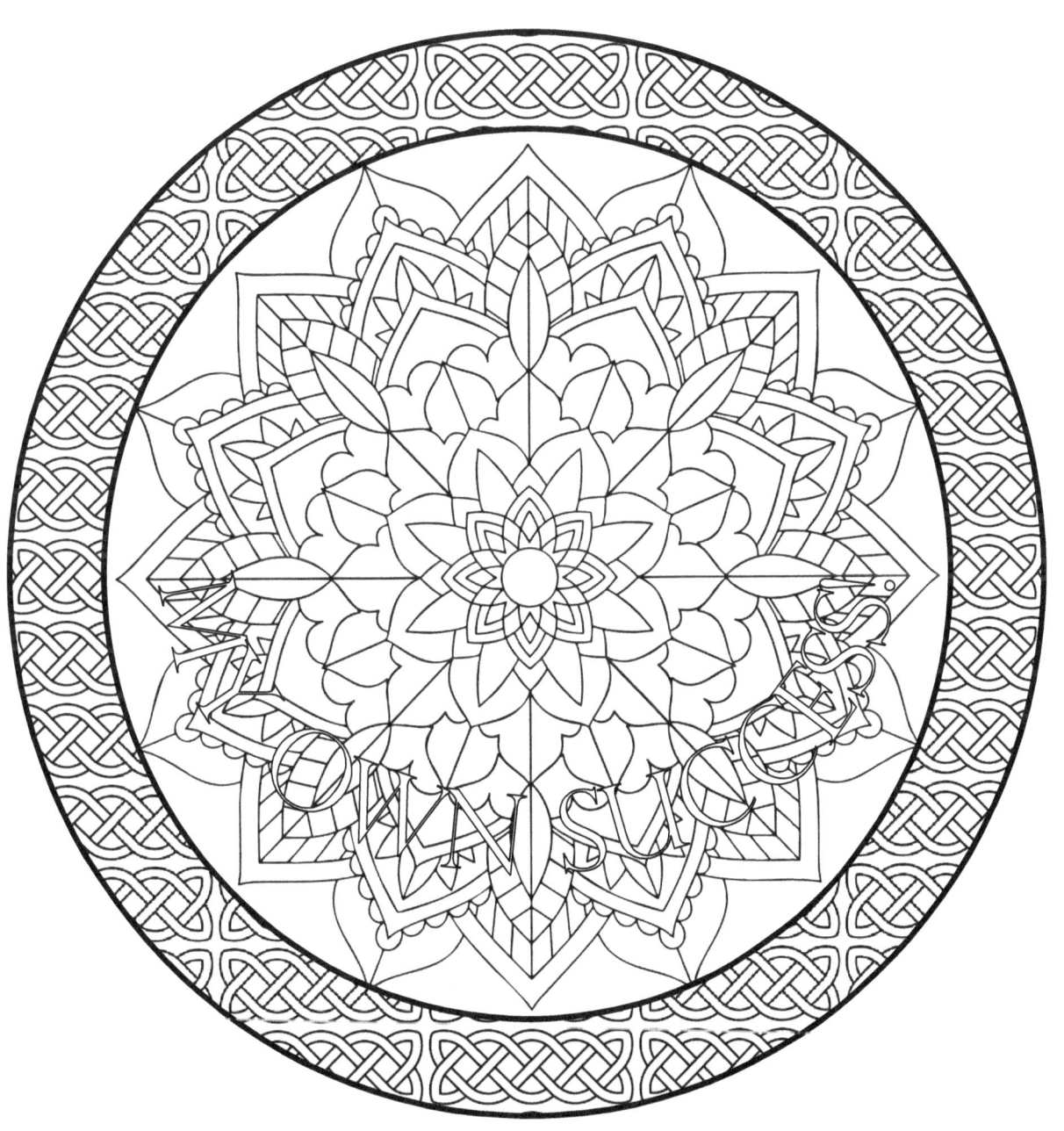

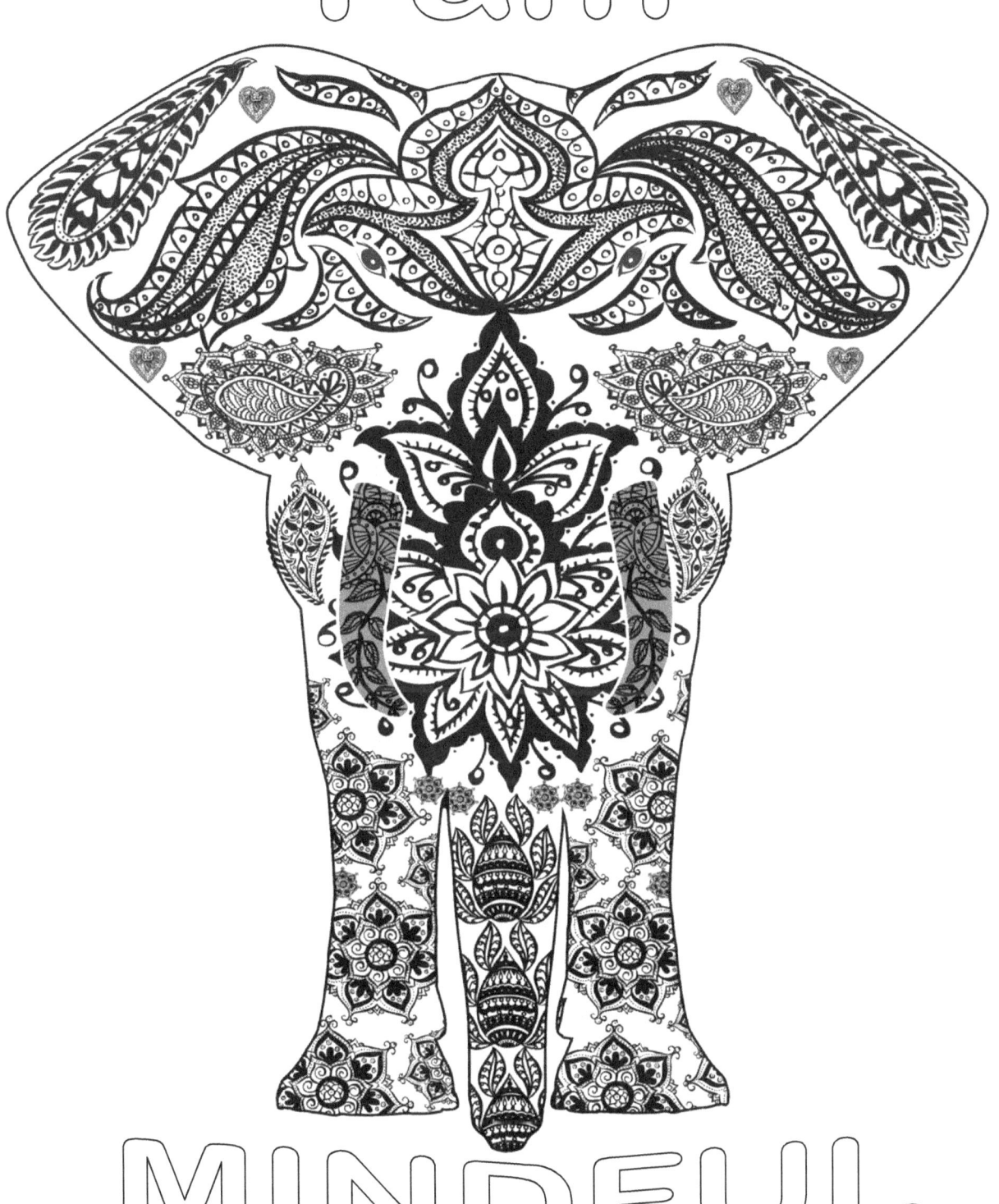

I AM

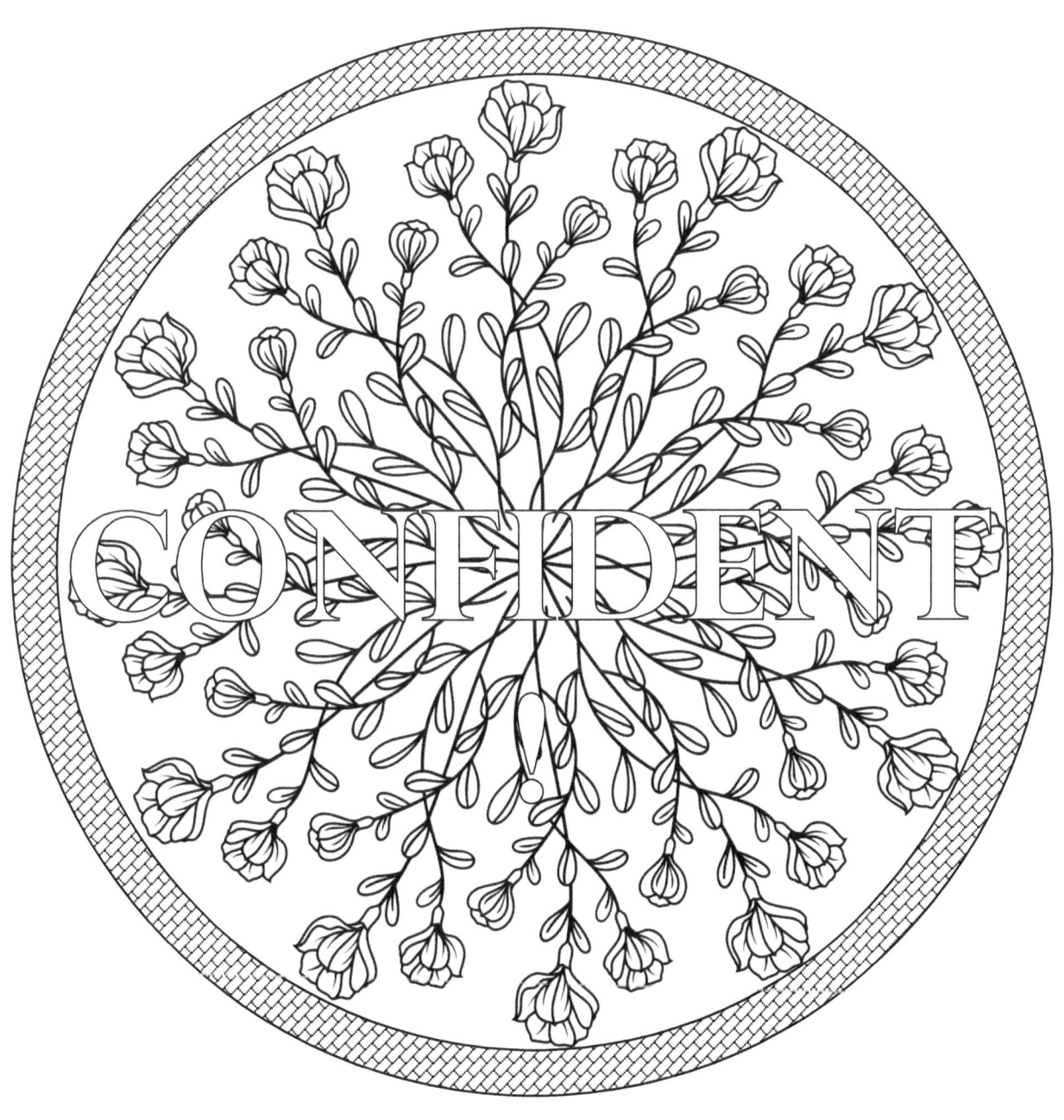

I am

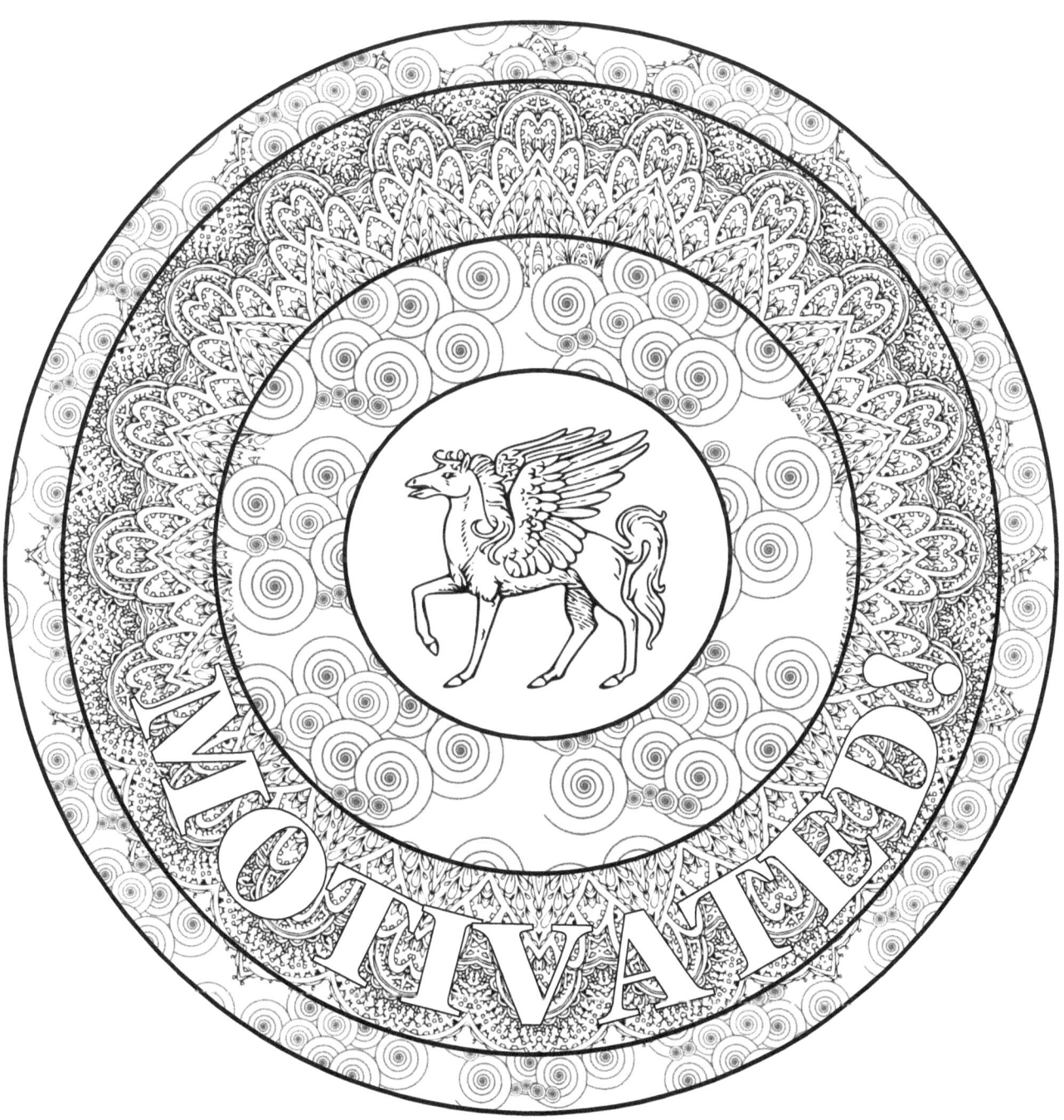

I AM

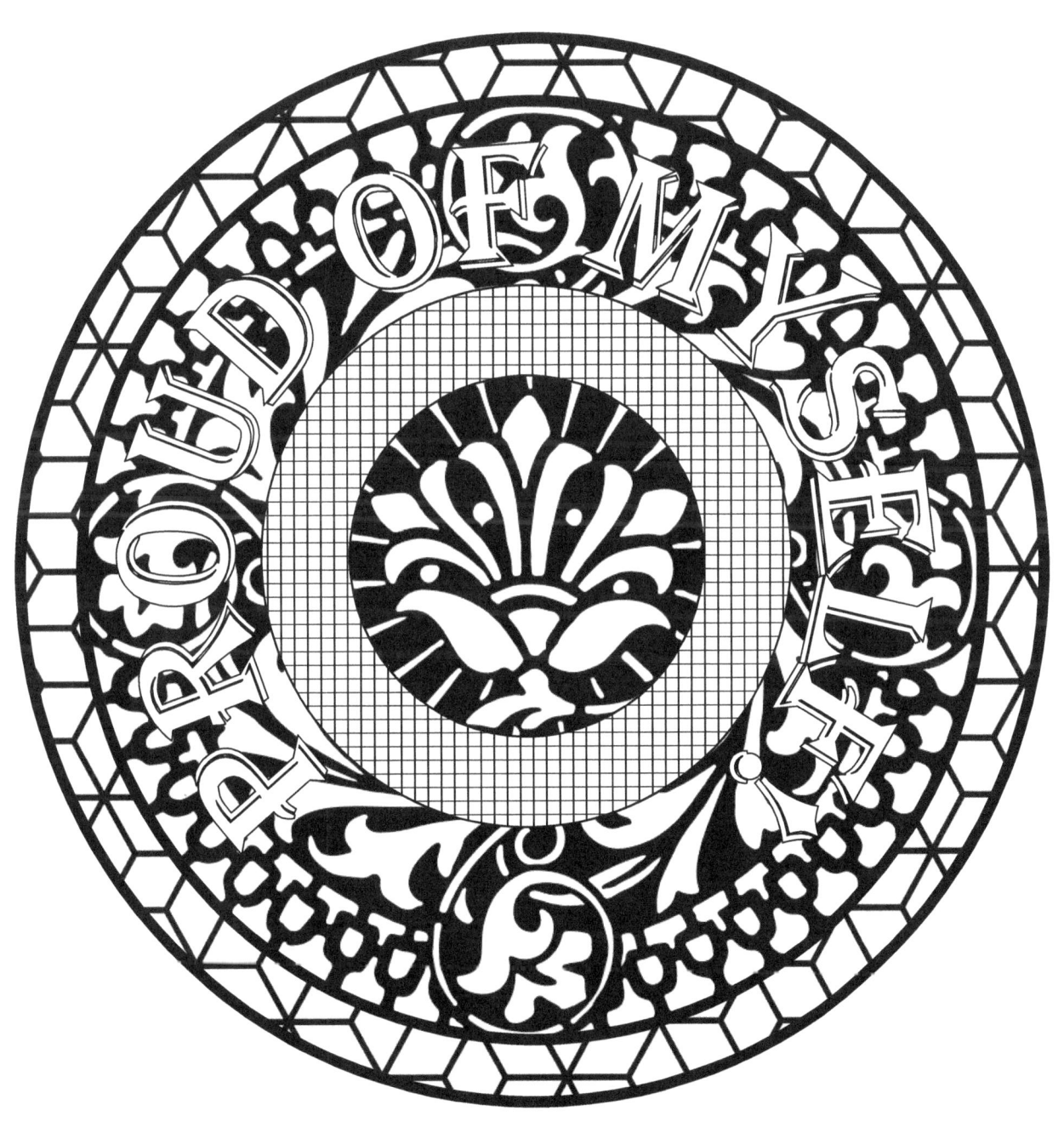

I

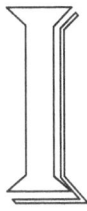

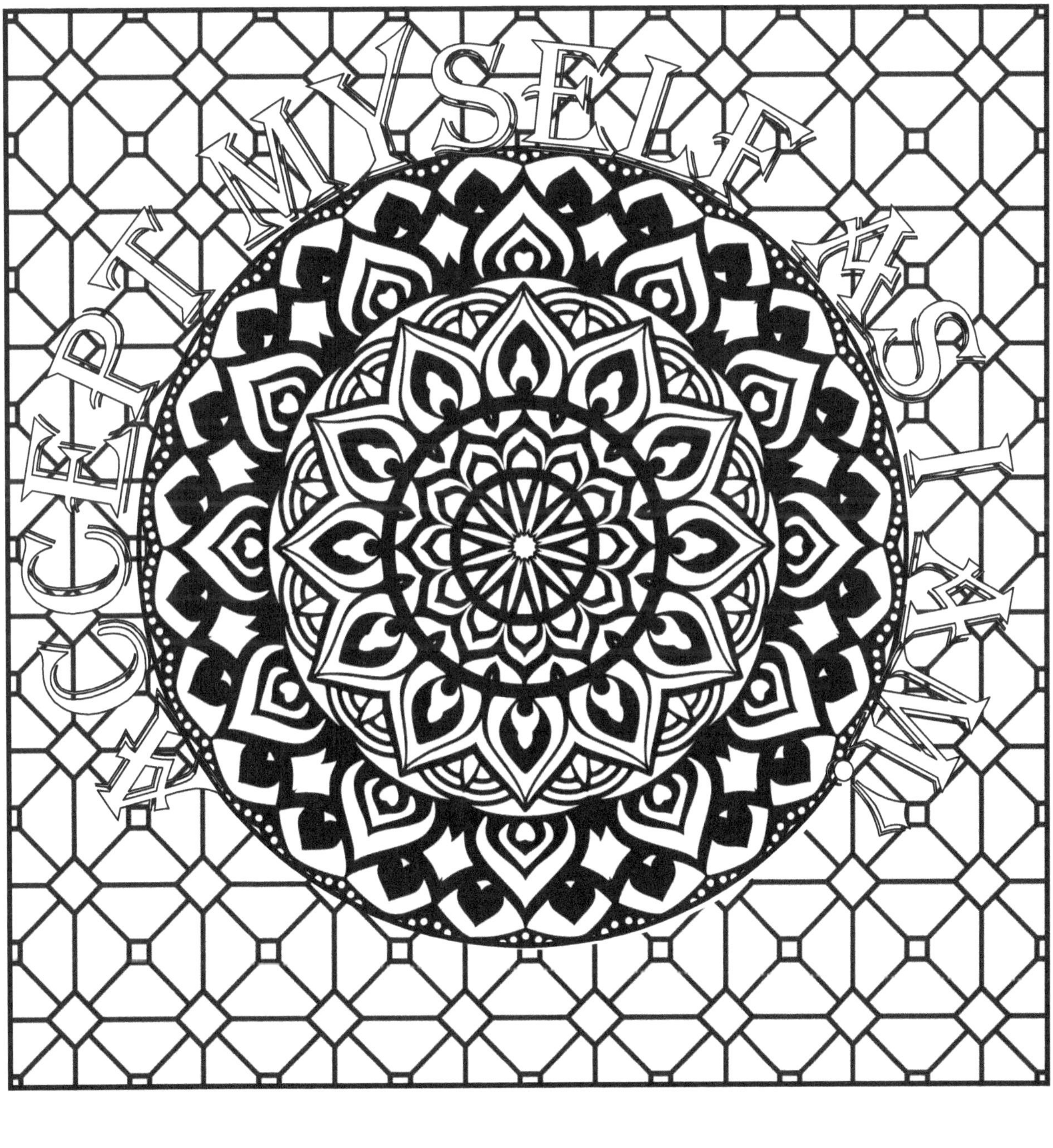

I ACCEPT MYSELF AS I AM

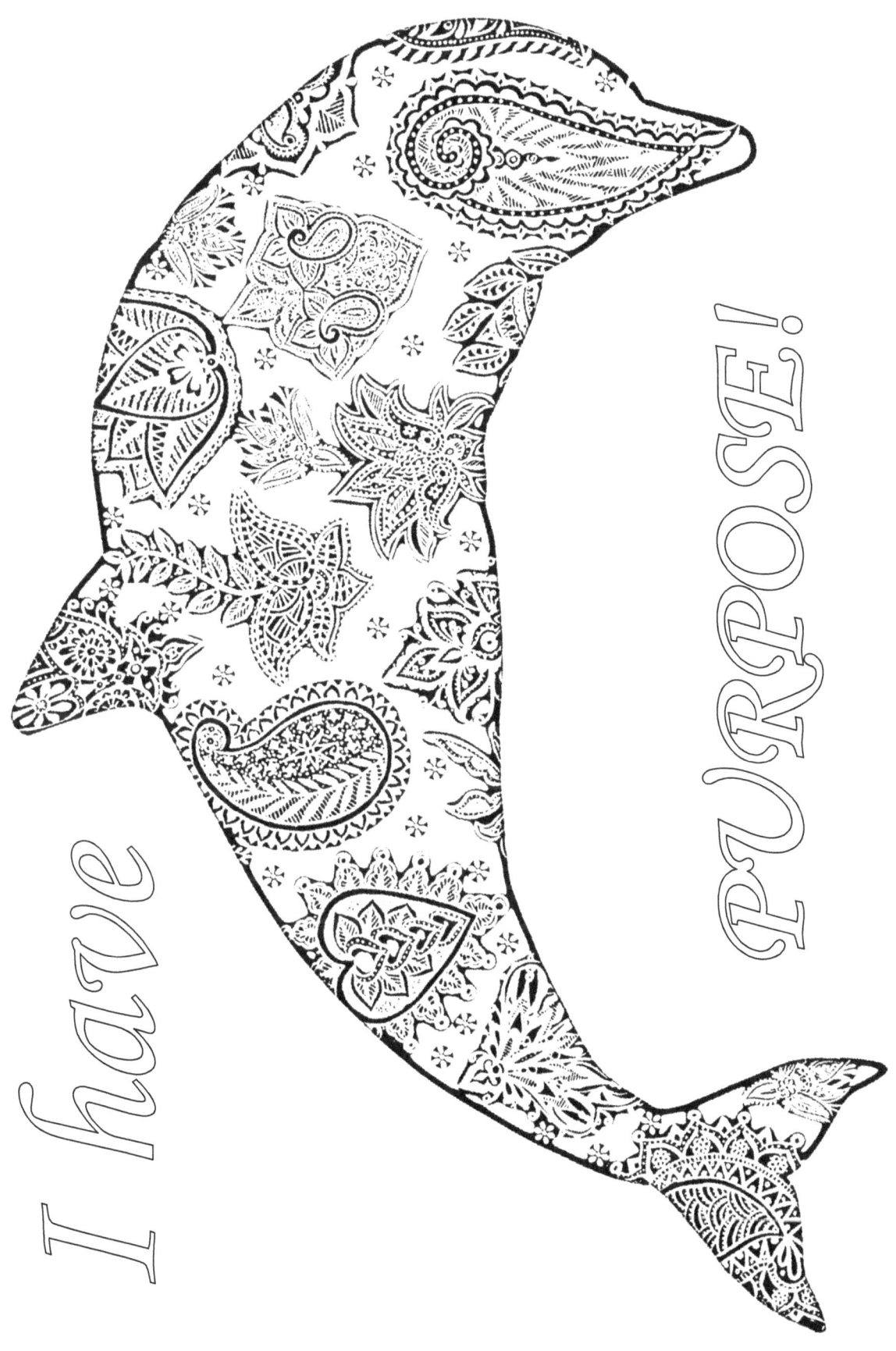

I am

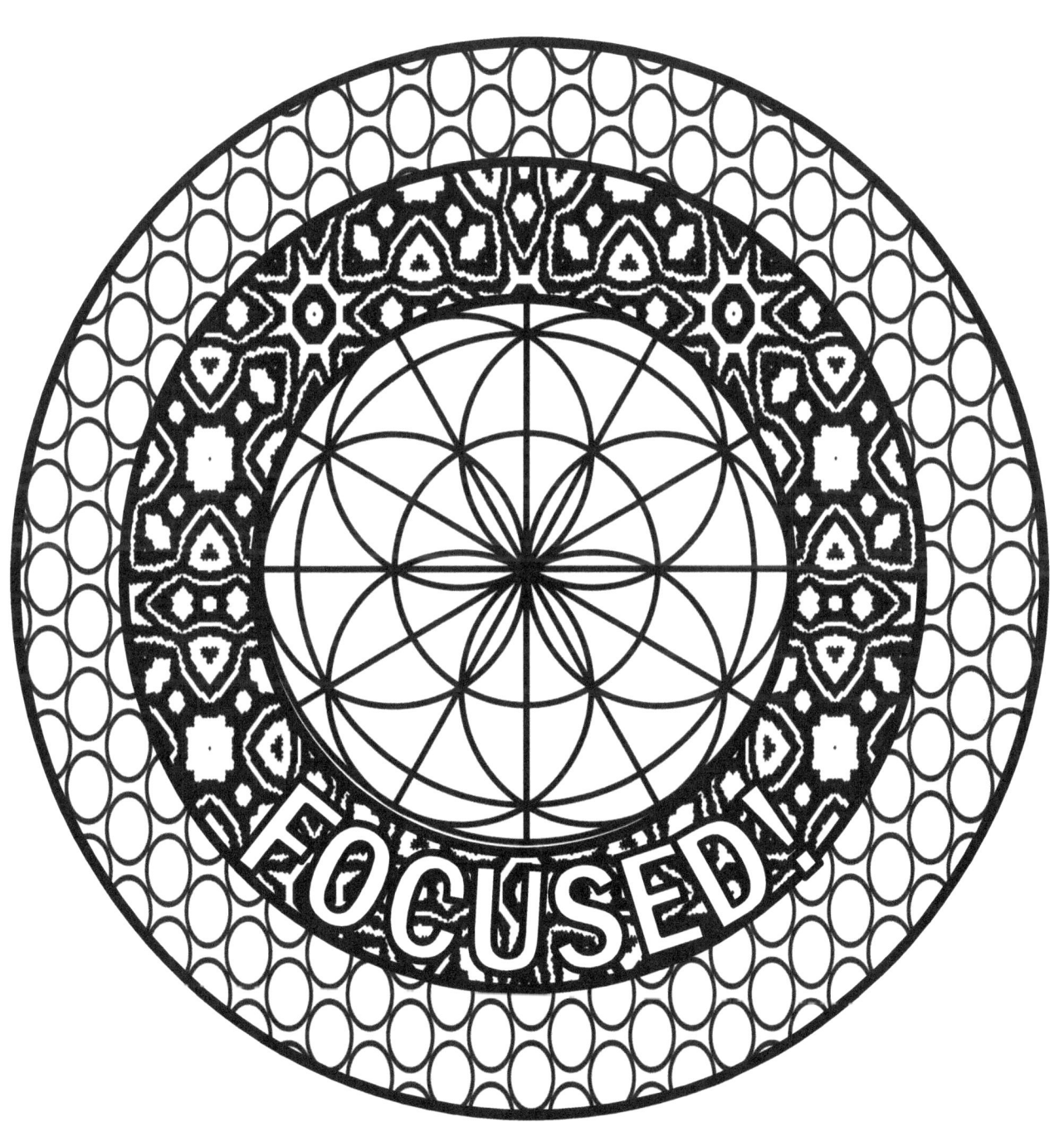

I am

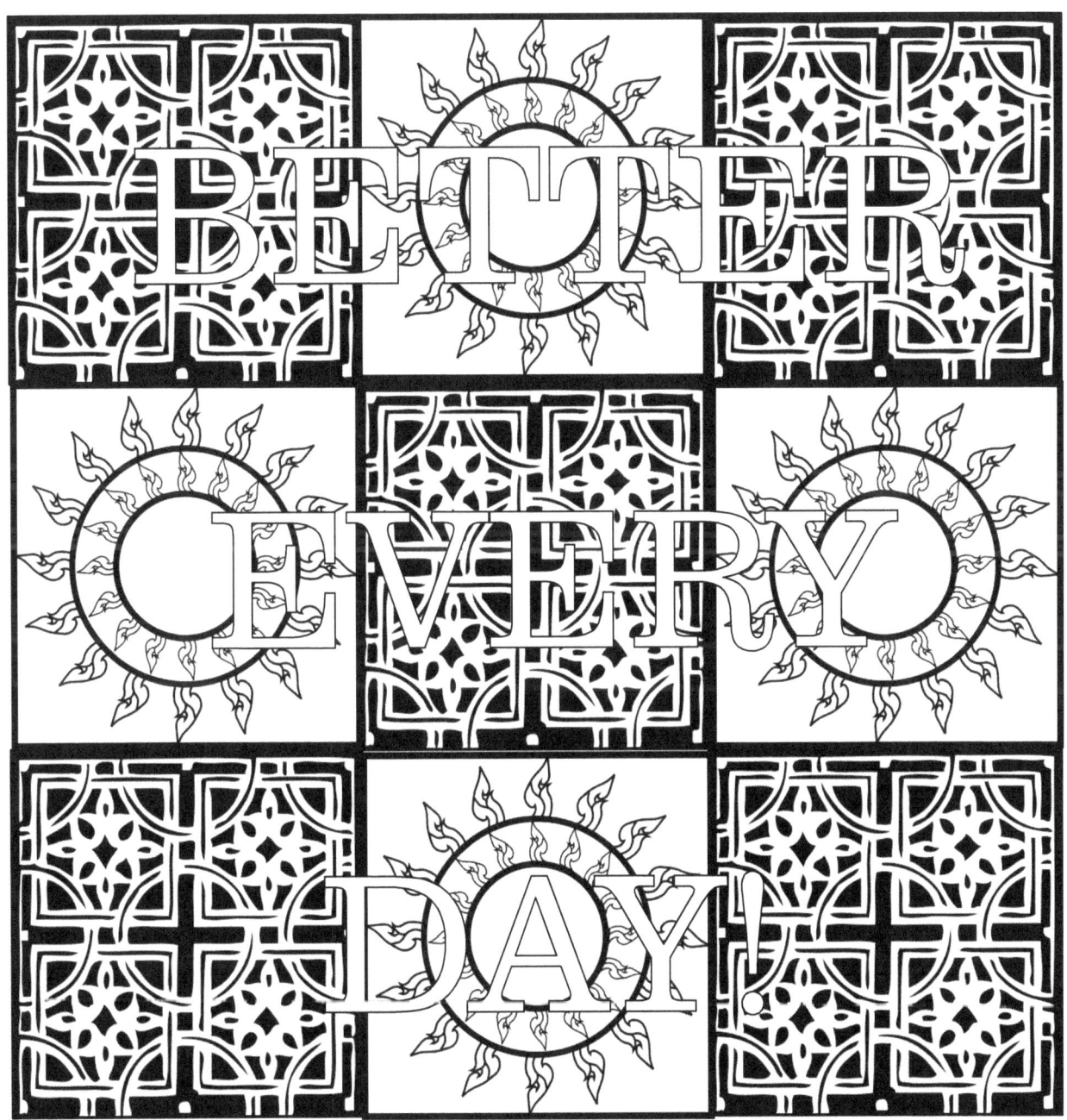

BETTER EVERY DAY!

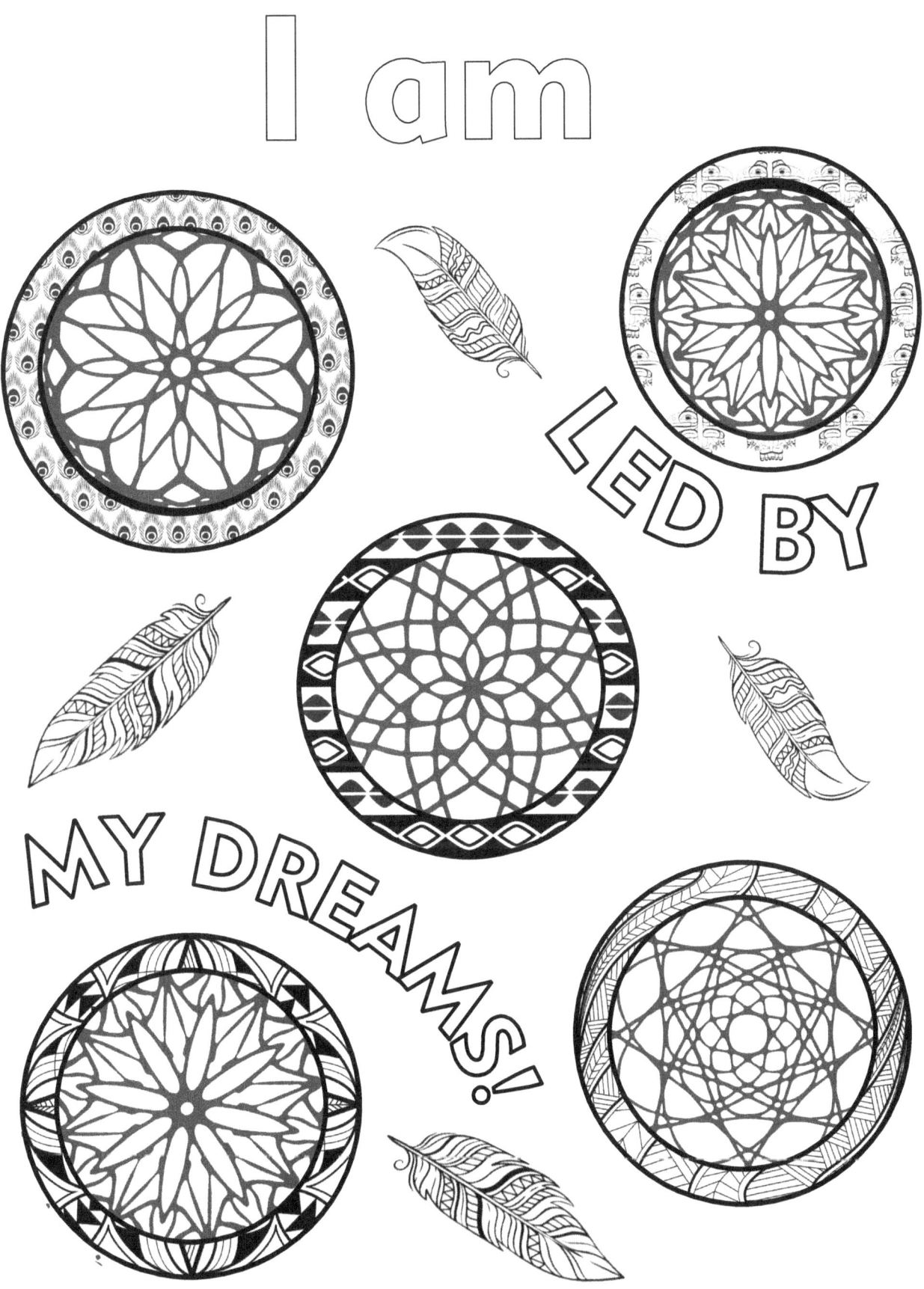

I am

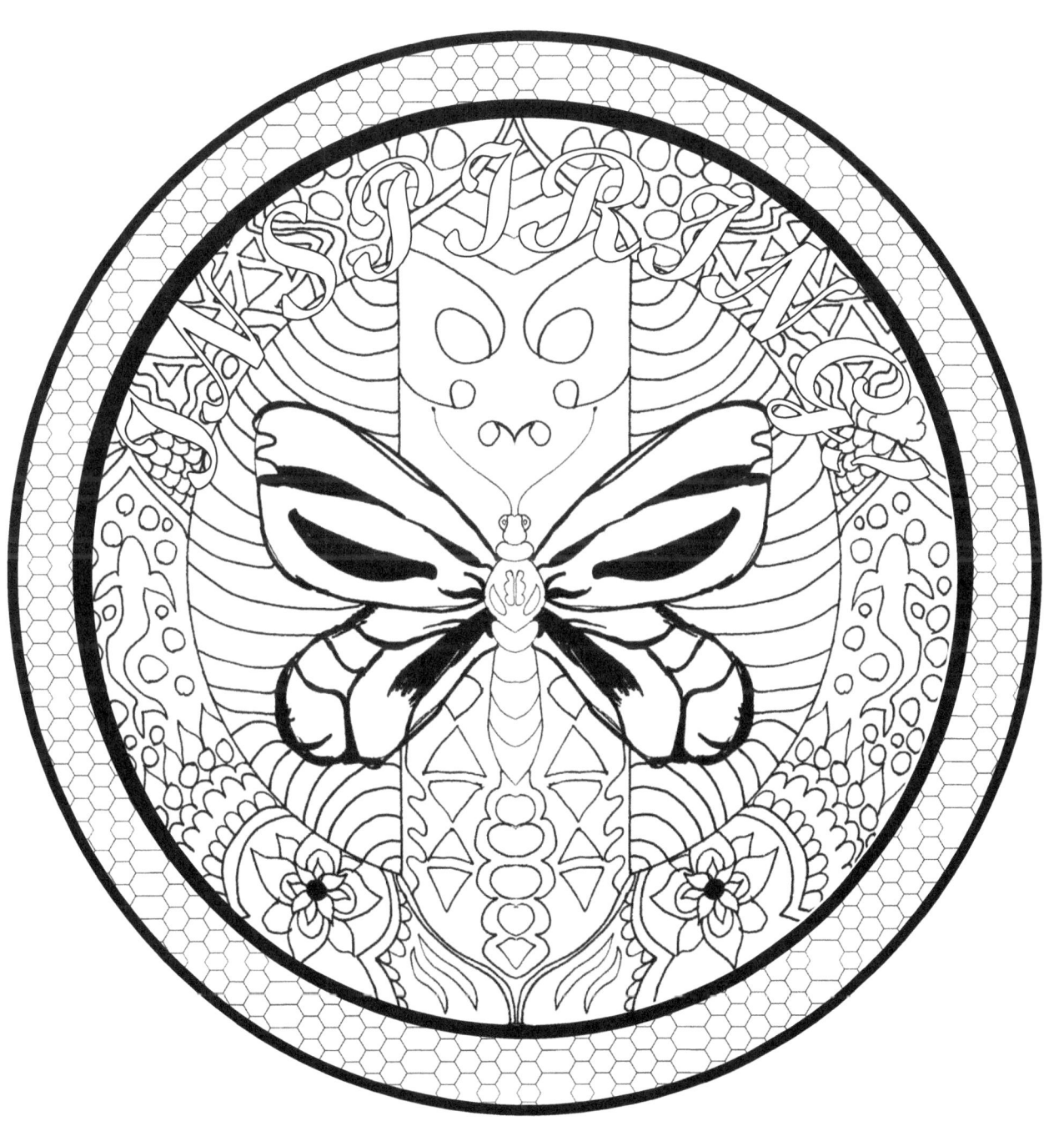

I

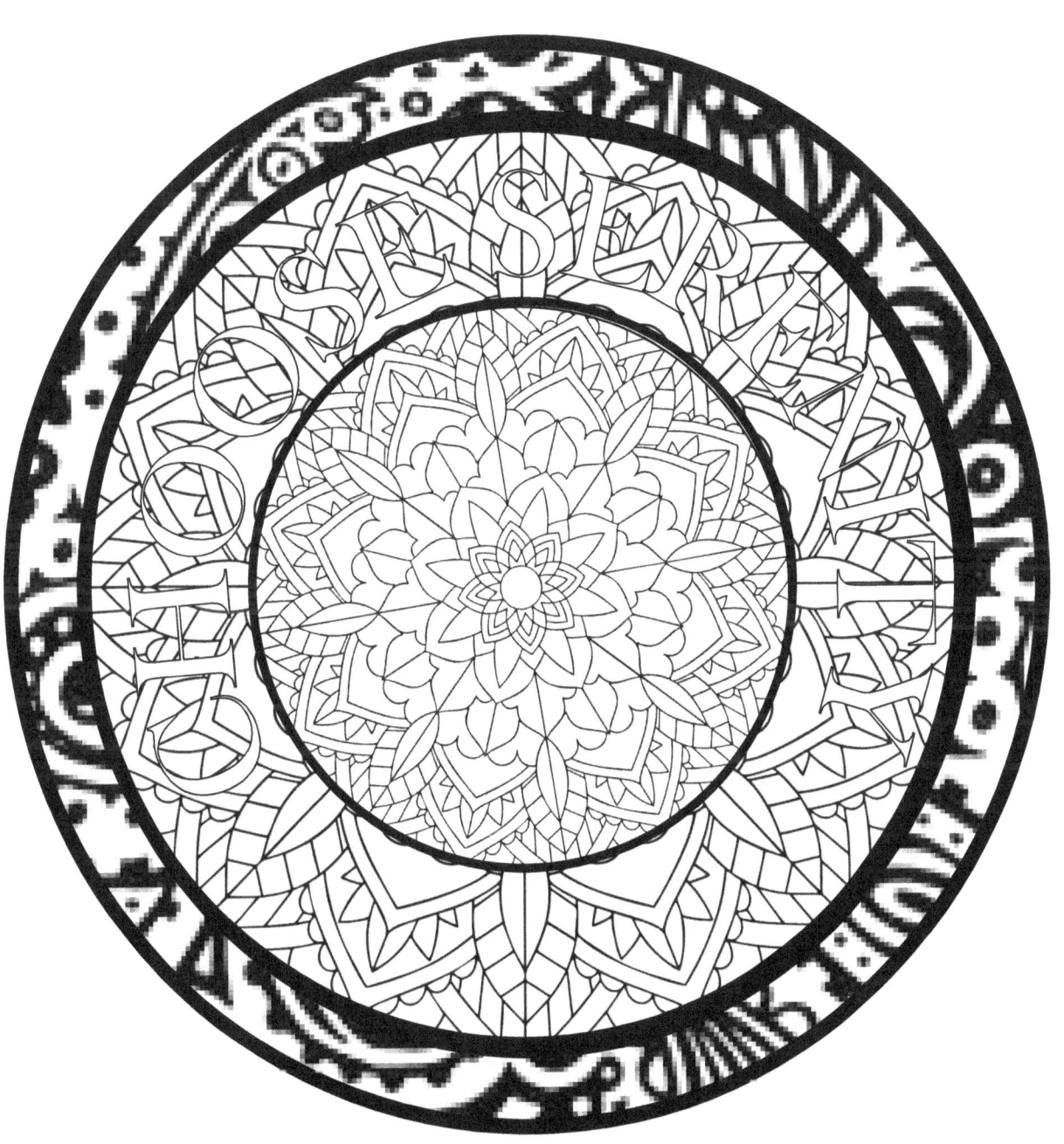

I am

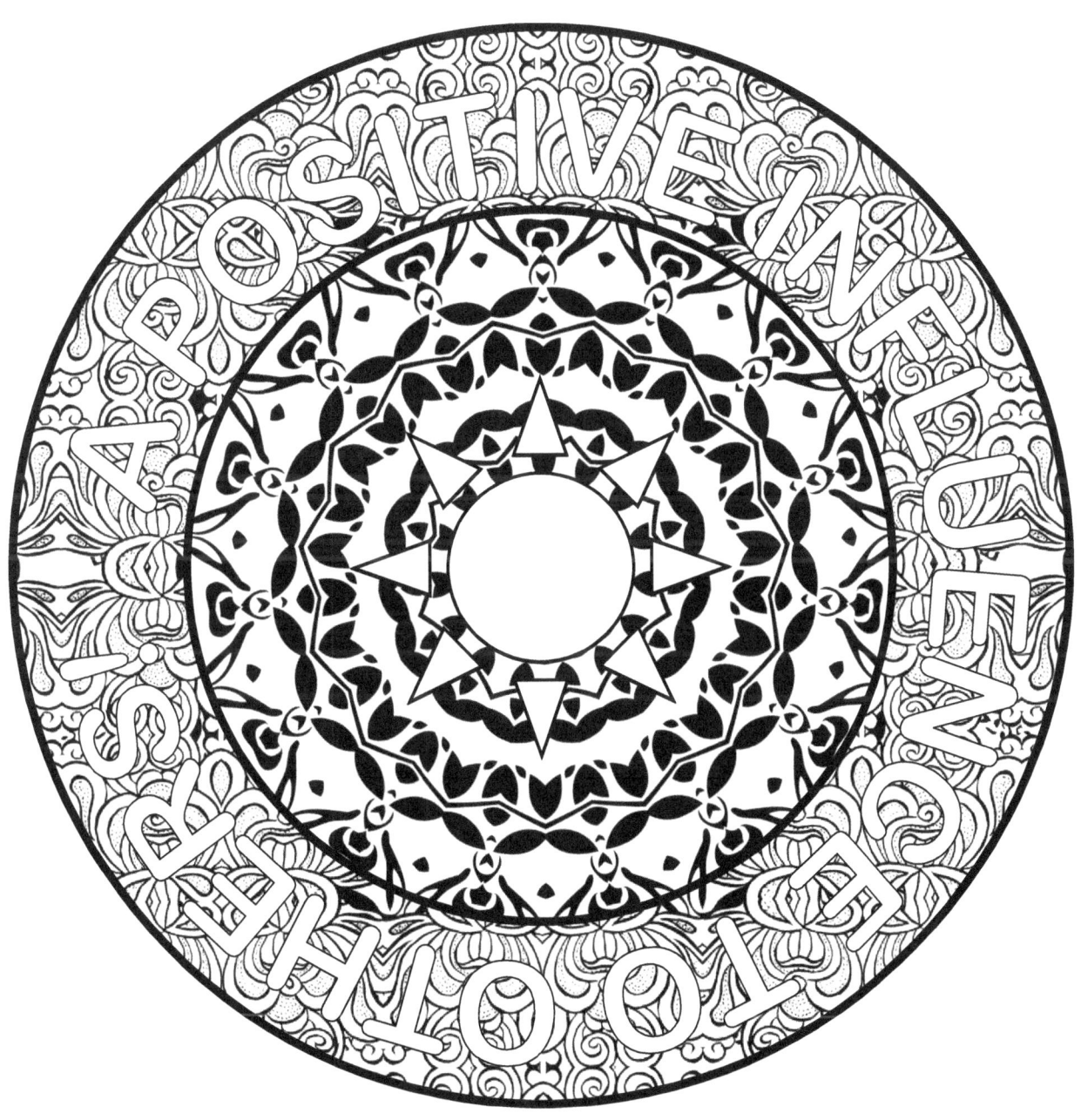

I

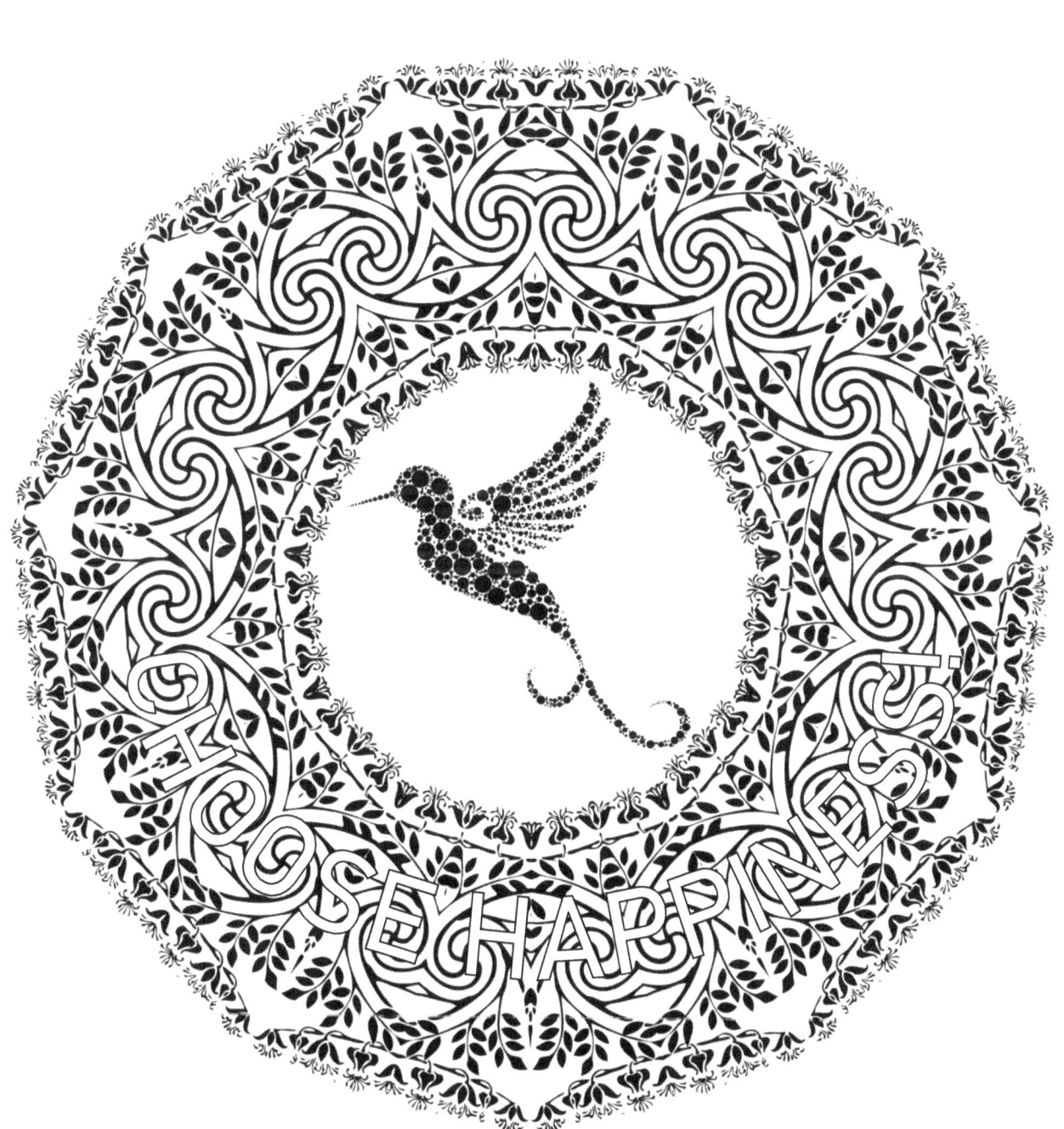

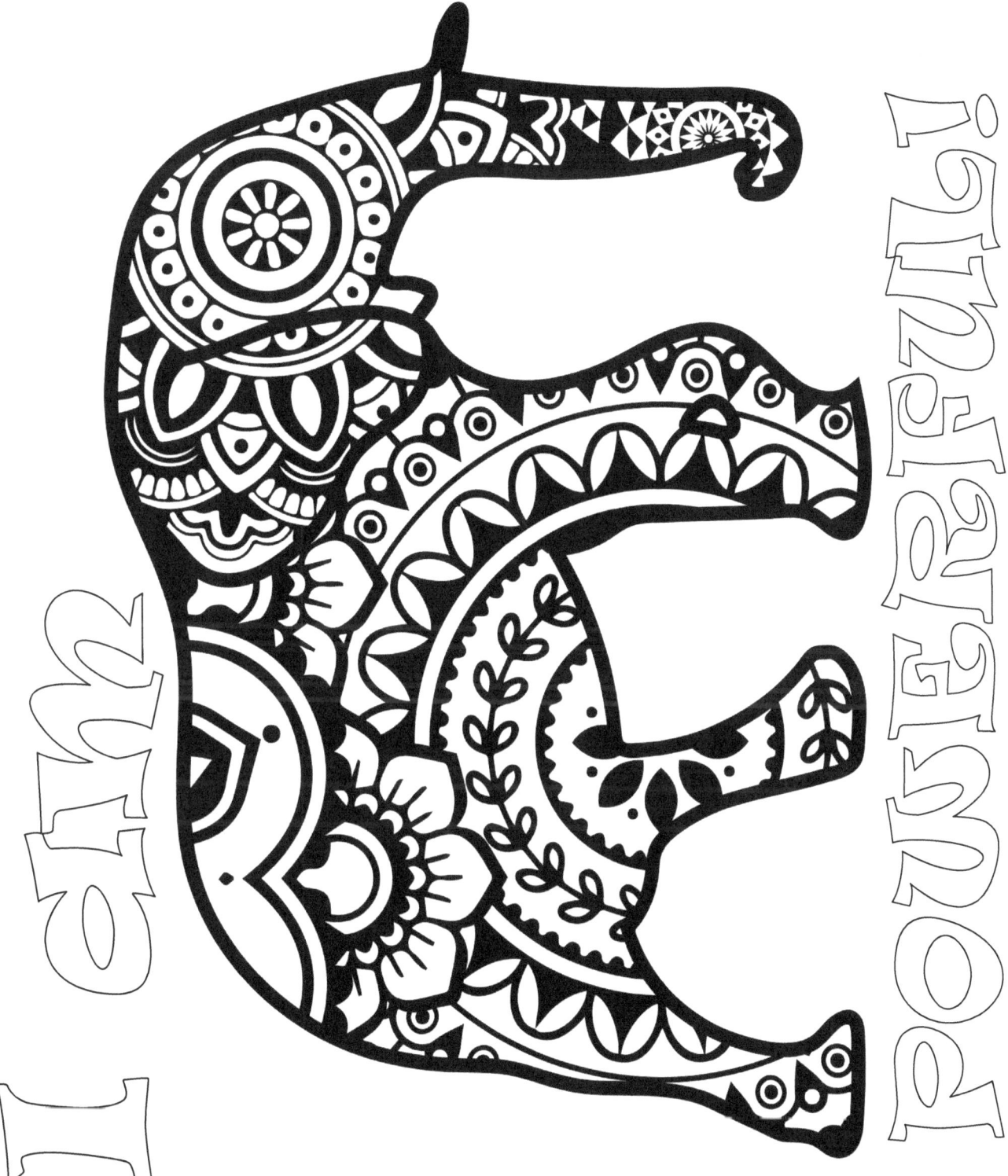

I AM

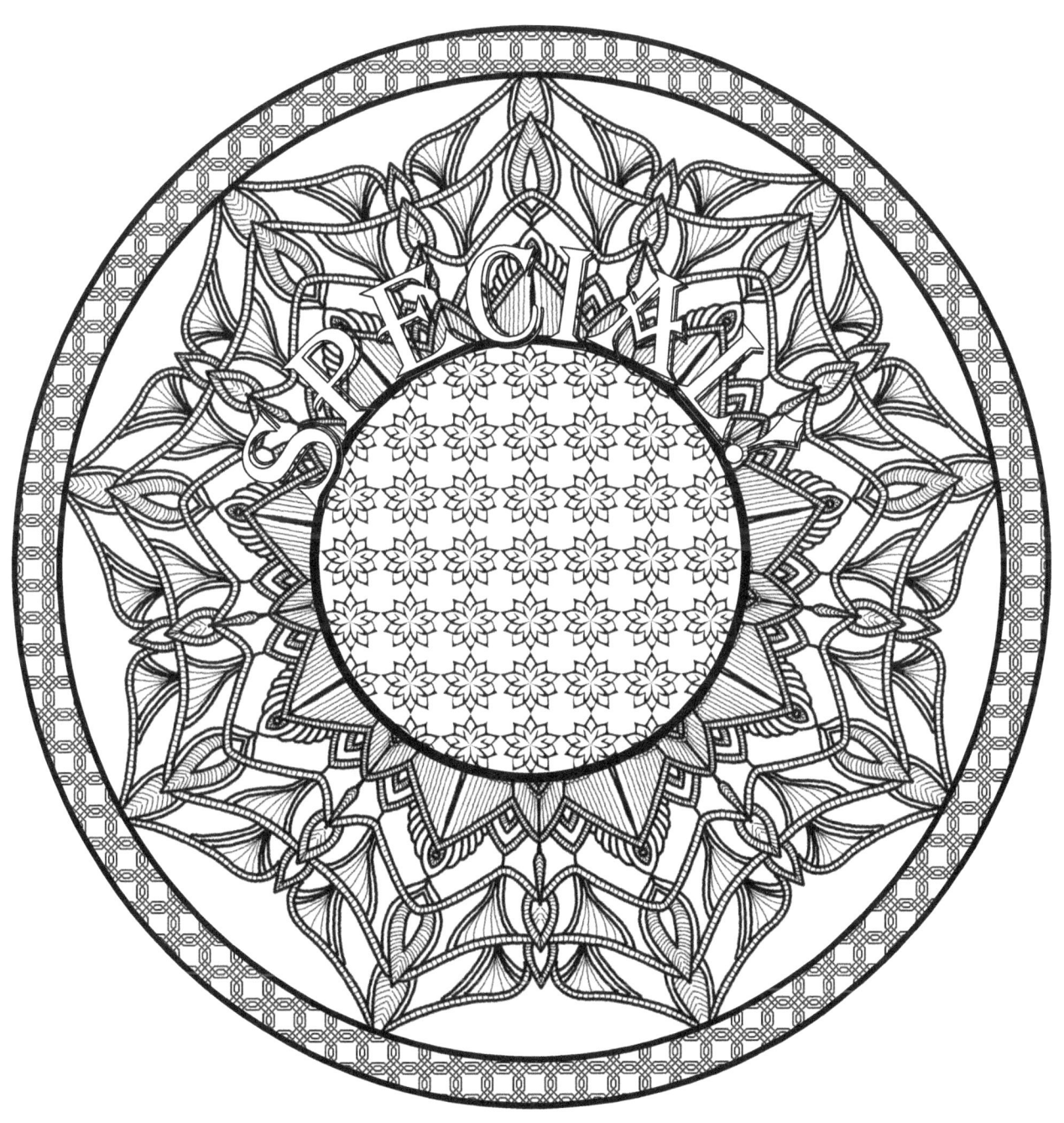

I am

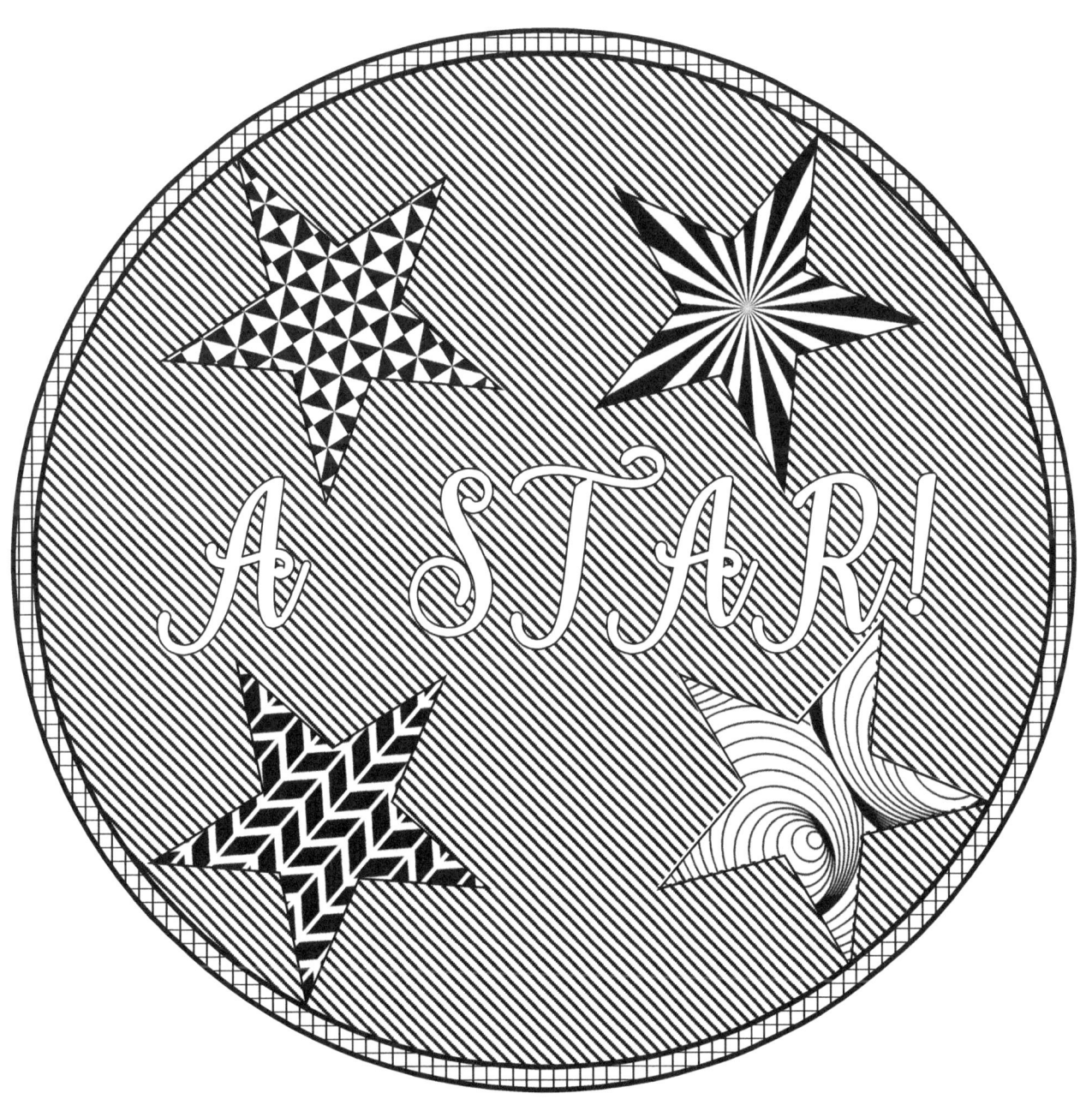

I am DETERMINED!

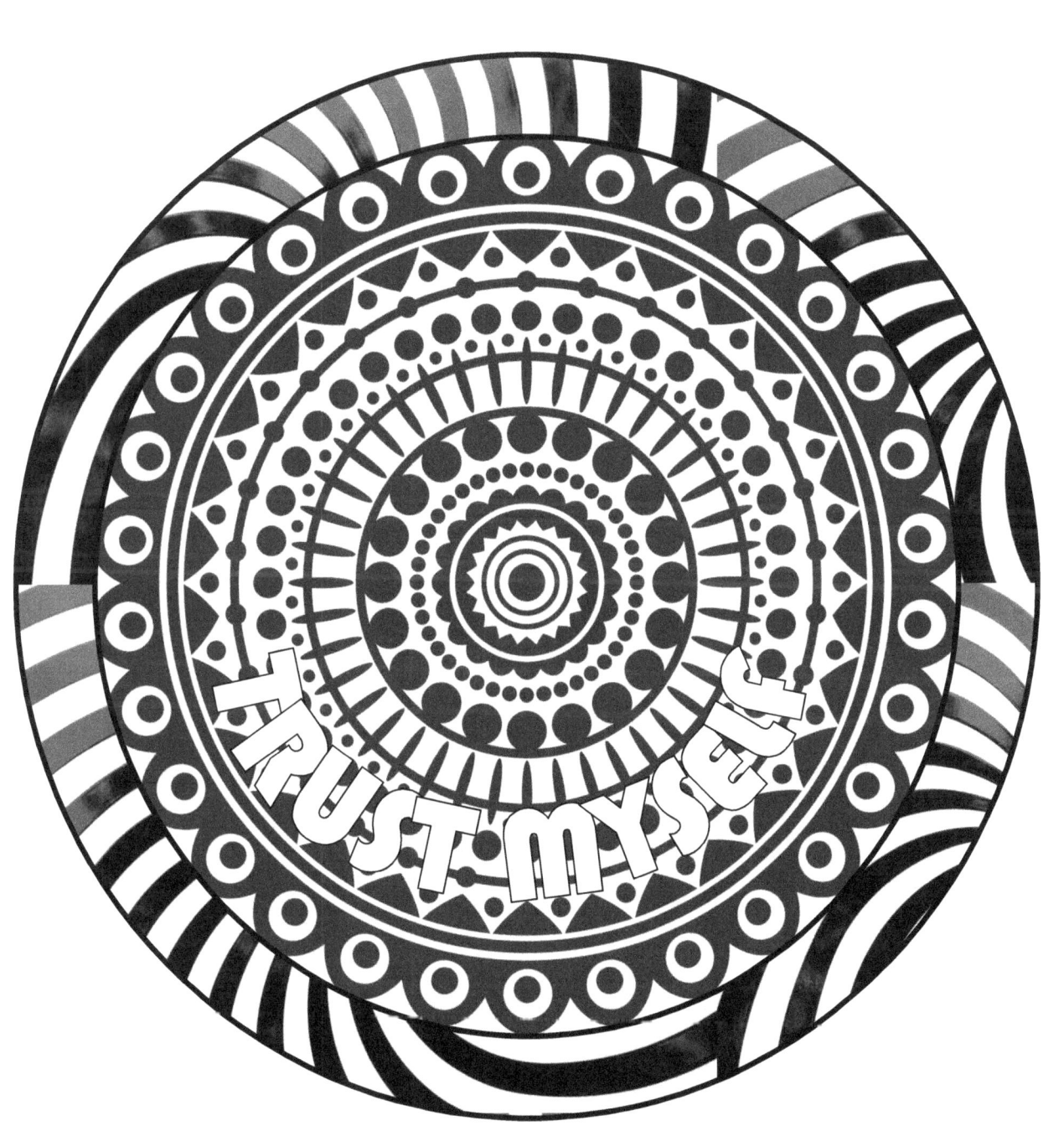

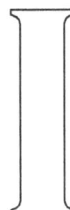

THINK OUTSIDE THE BOX

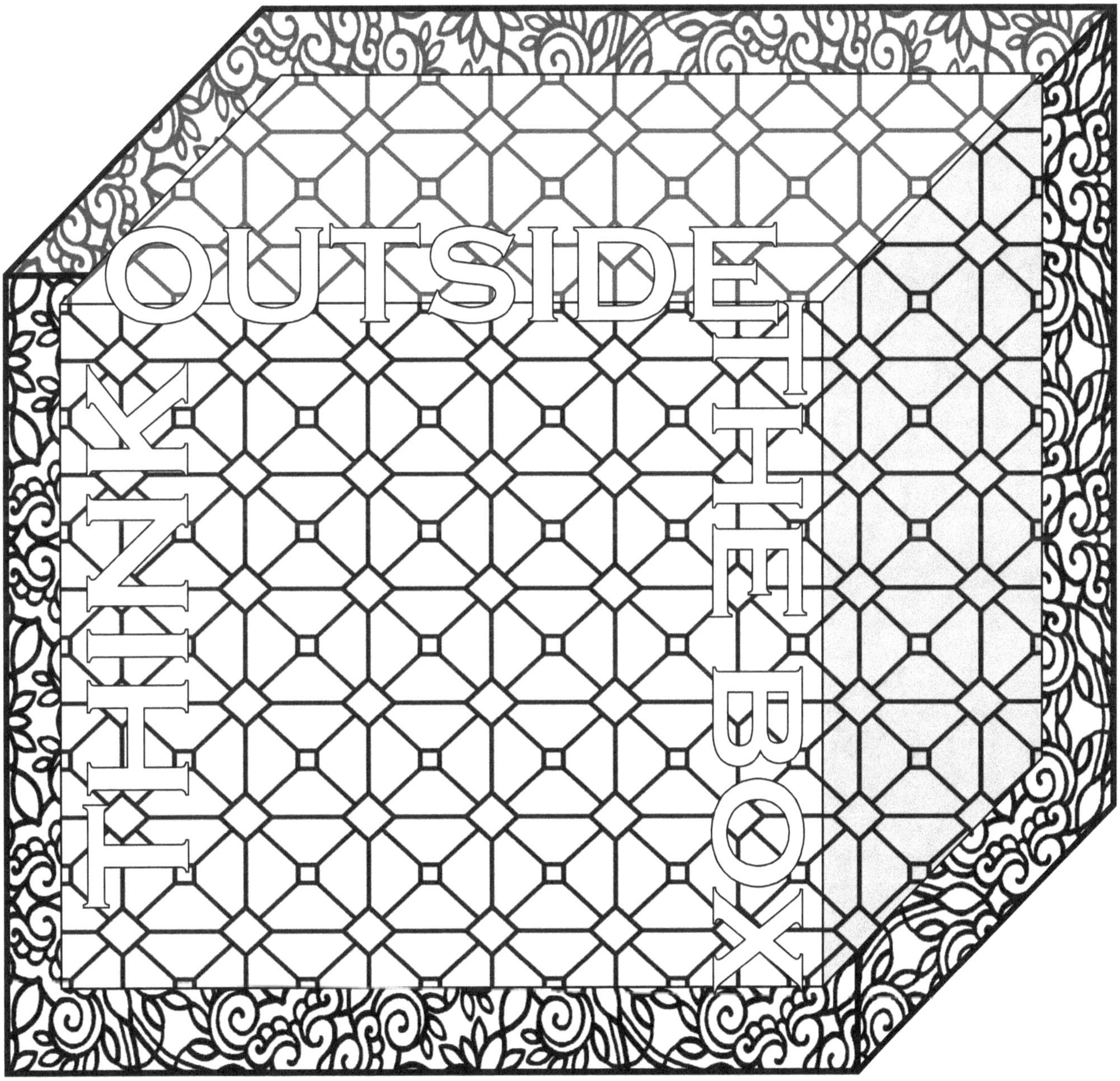

I AM

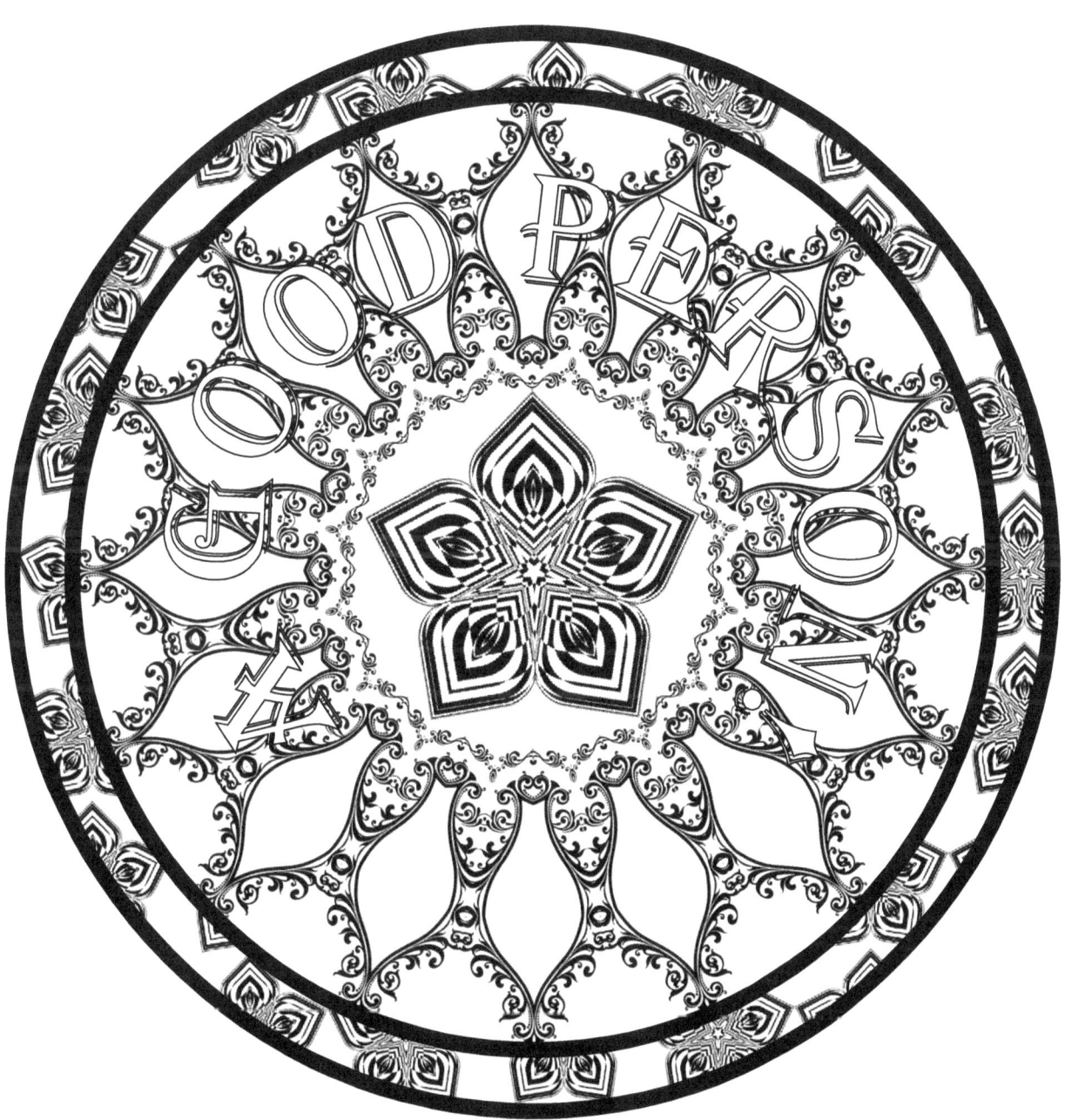

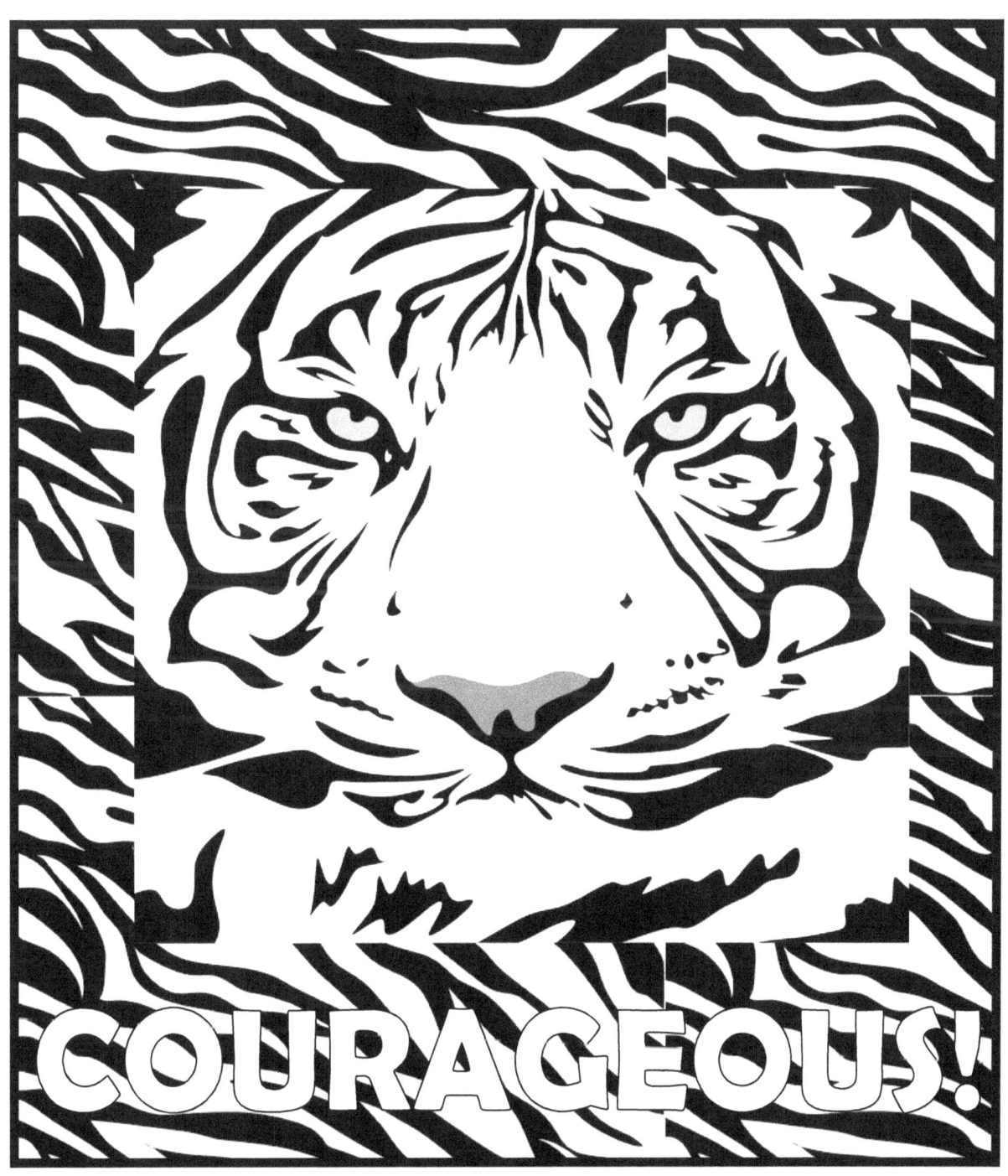

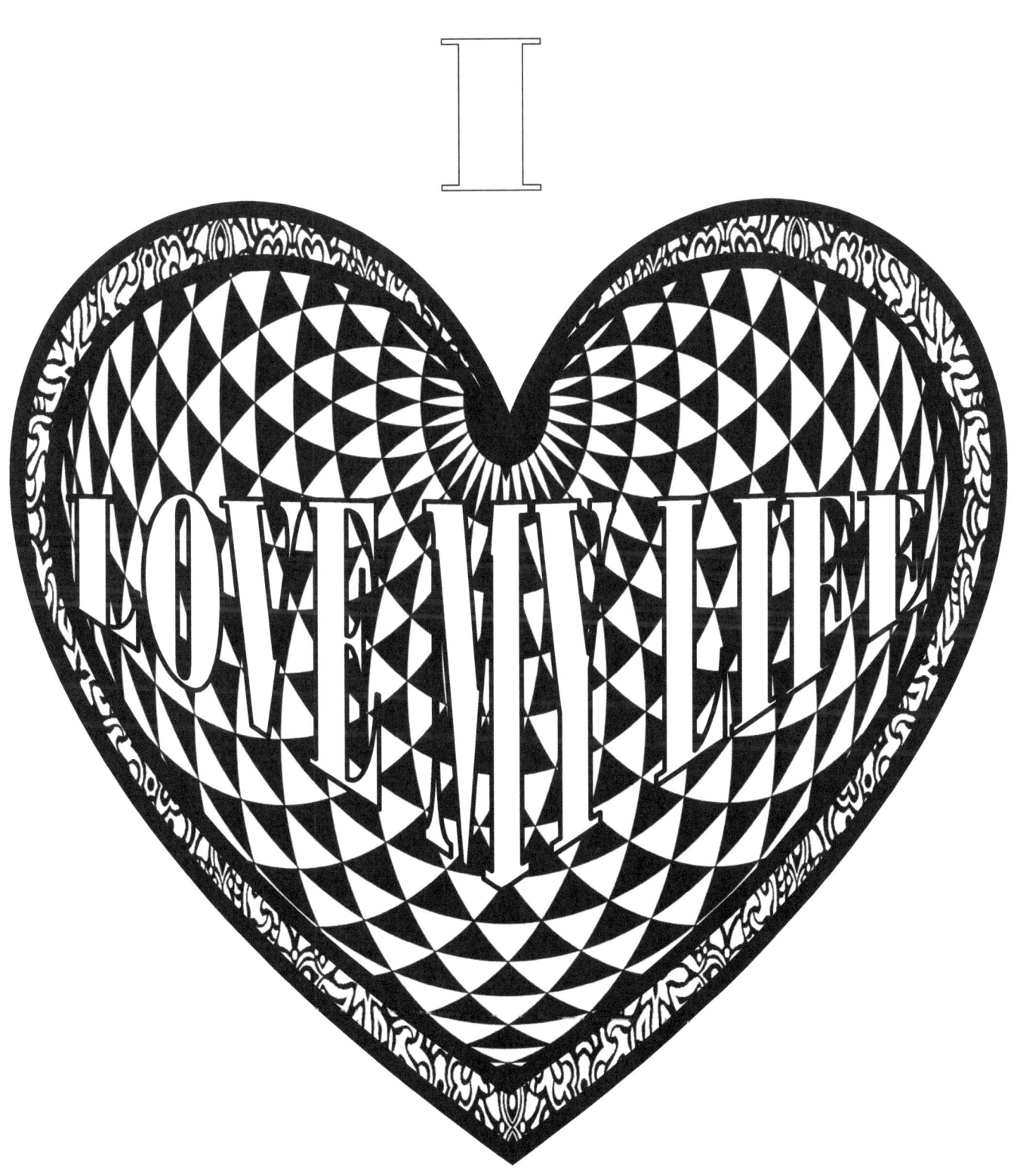

I AM

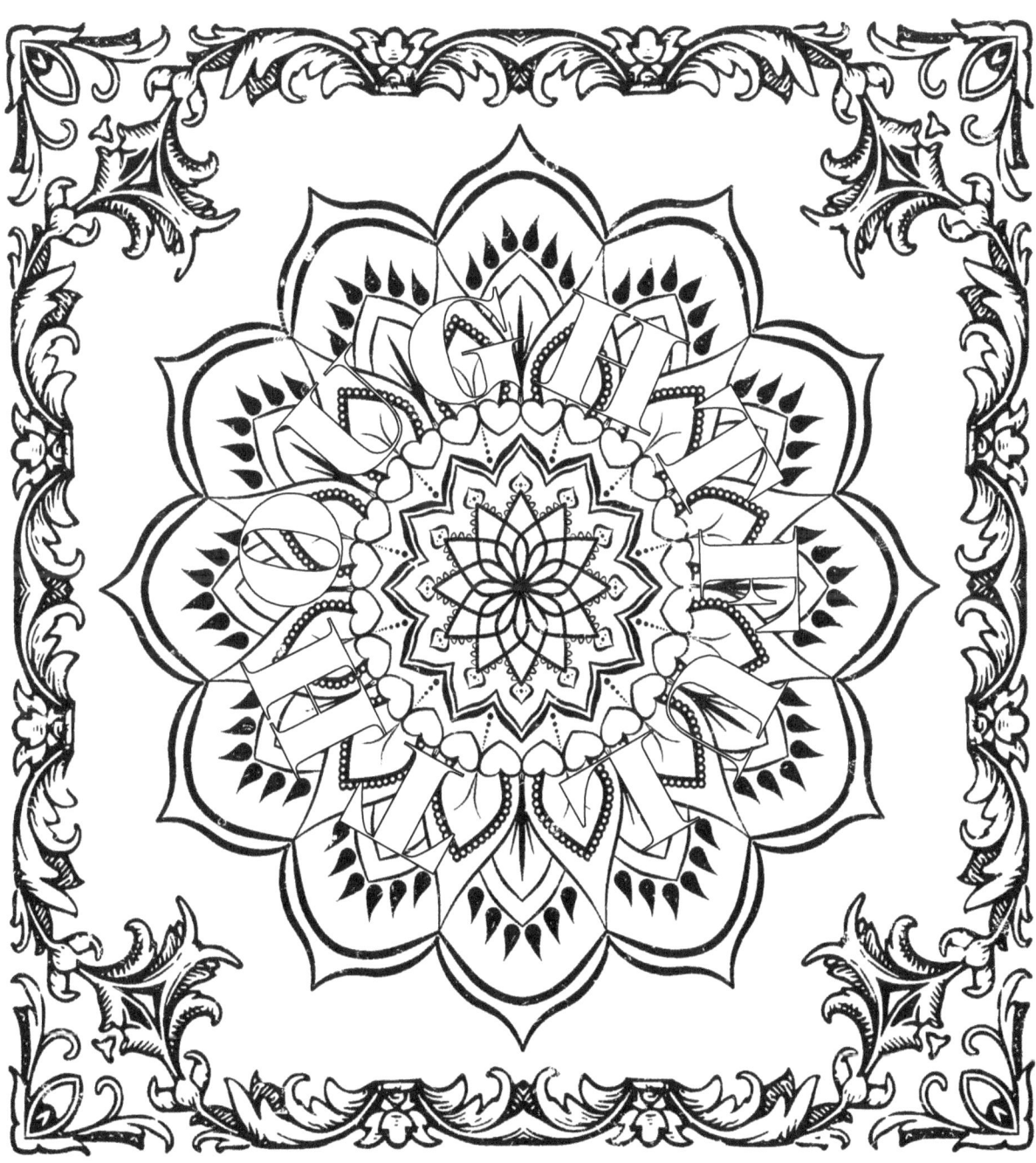

I AM

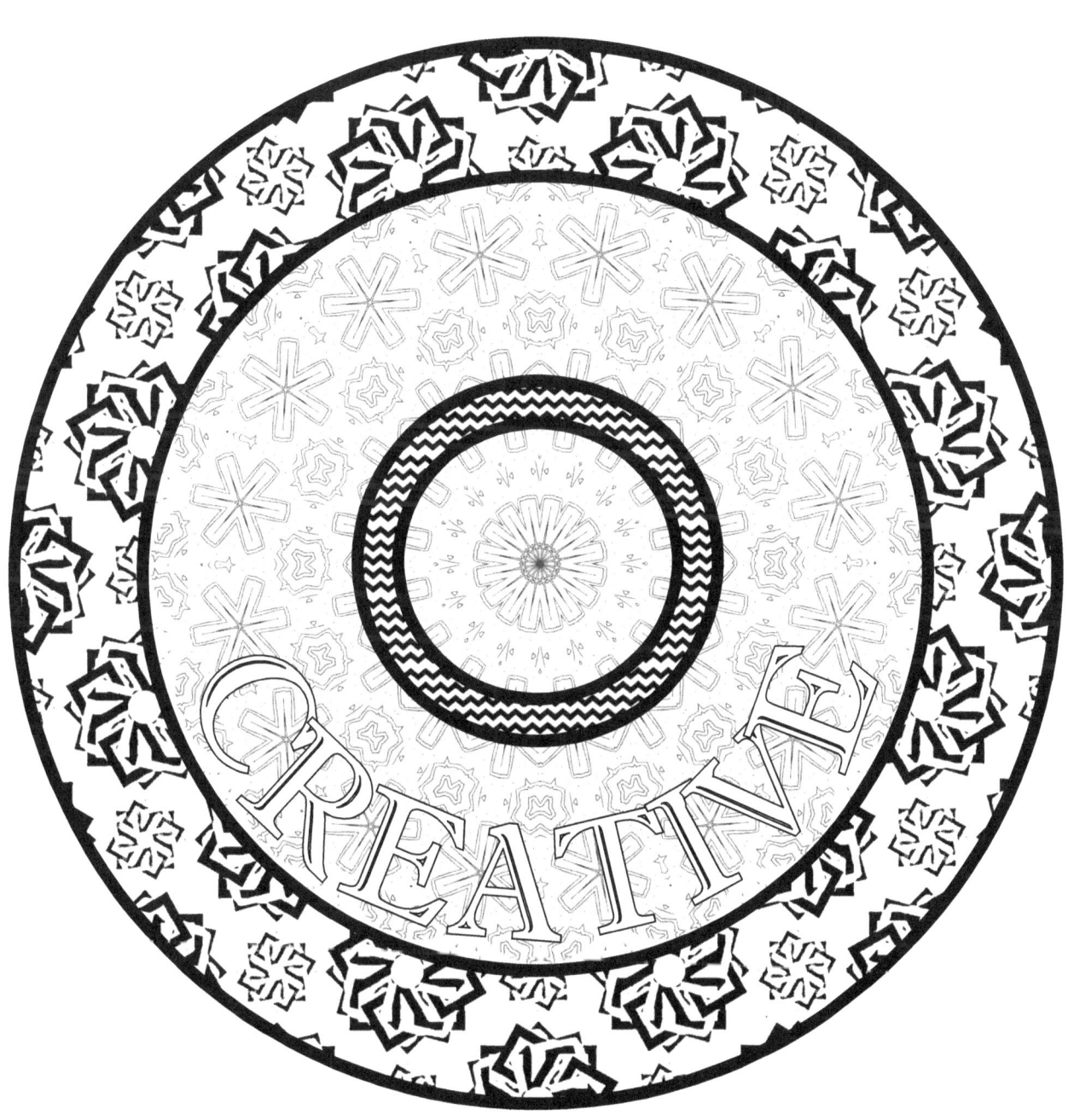

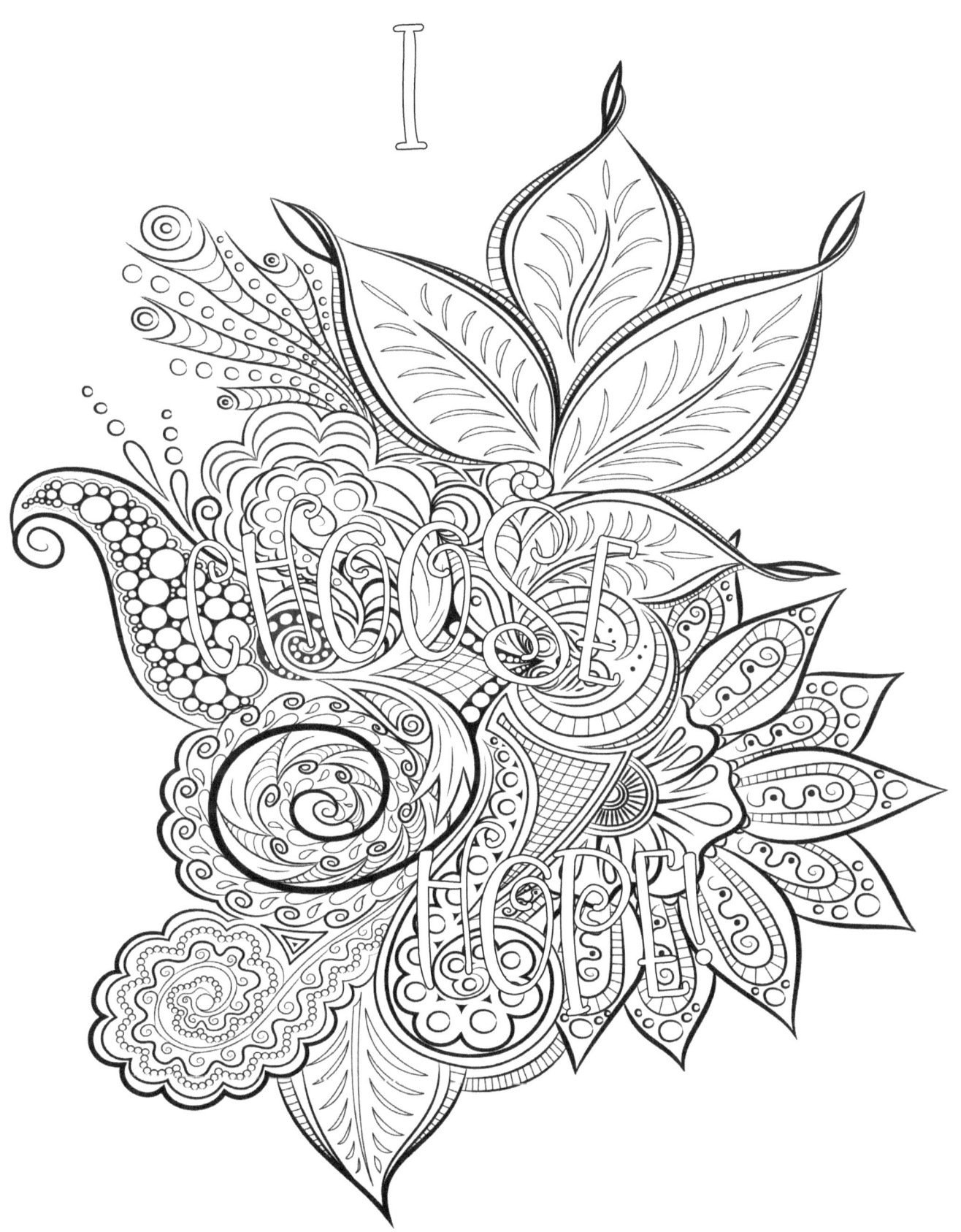

I

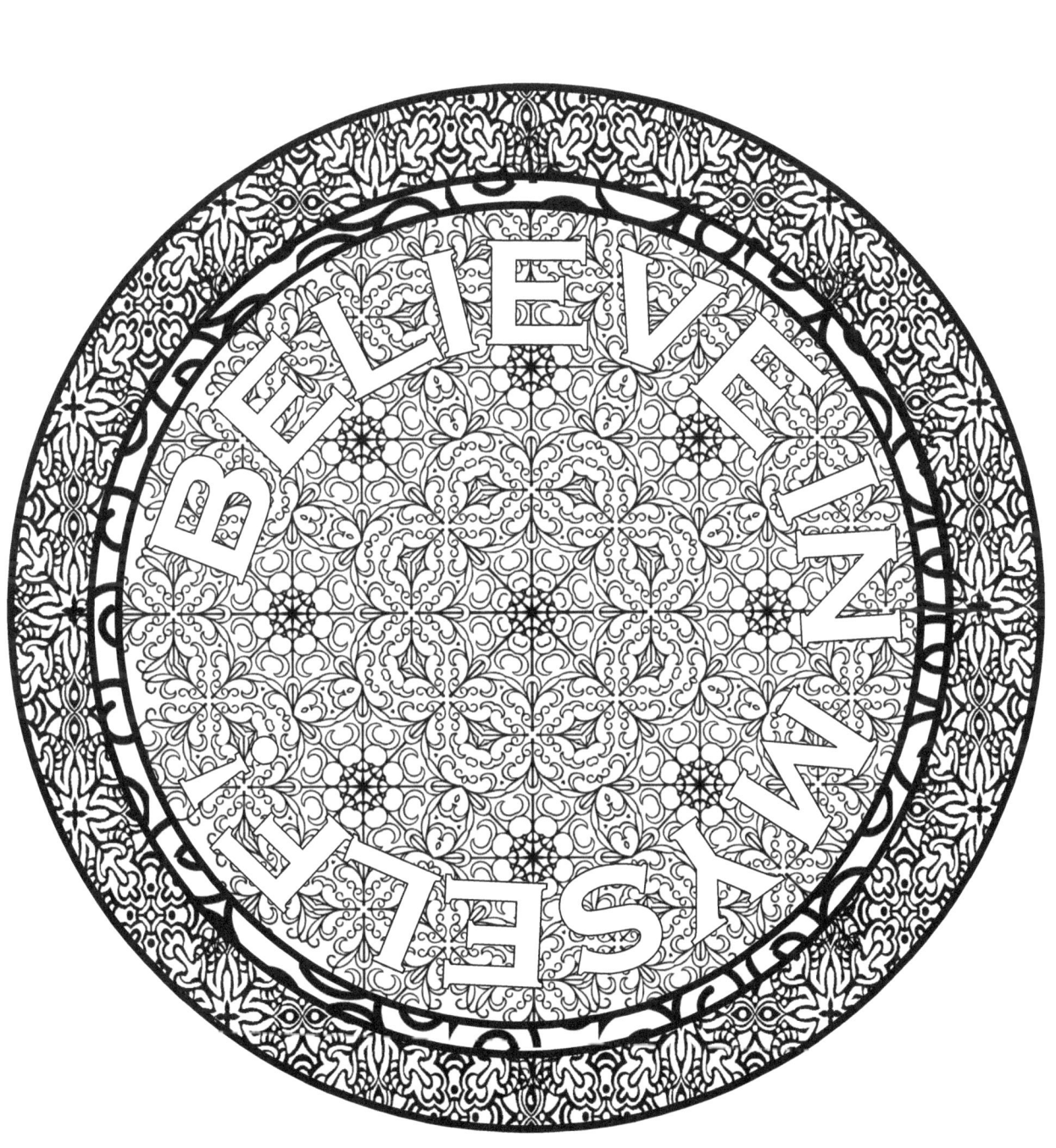

I AM

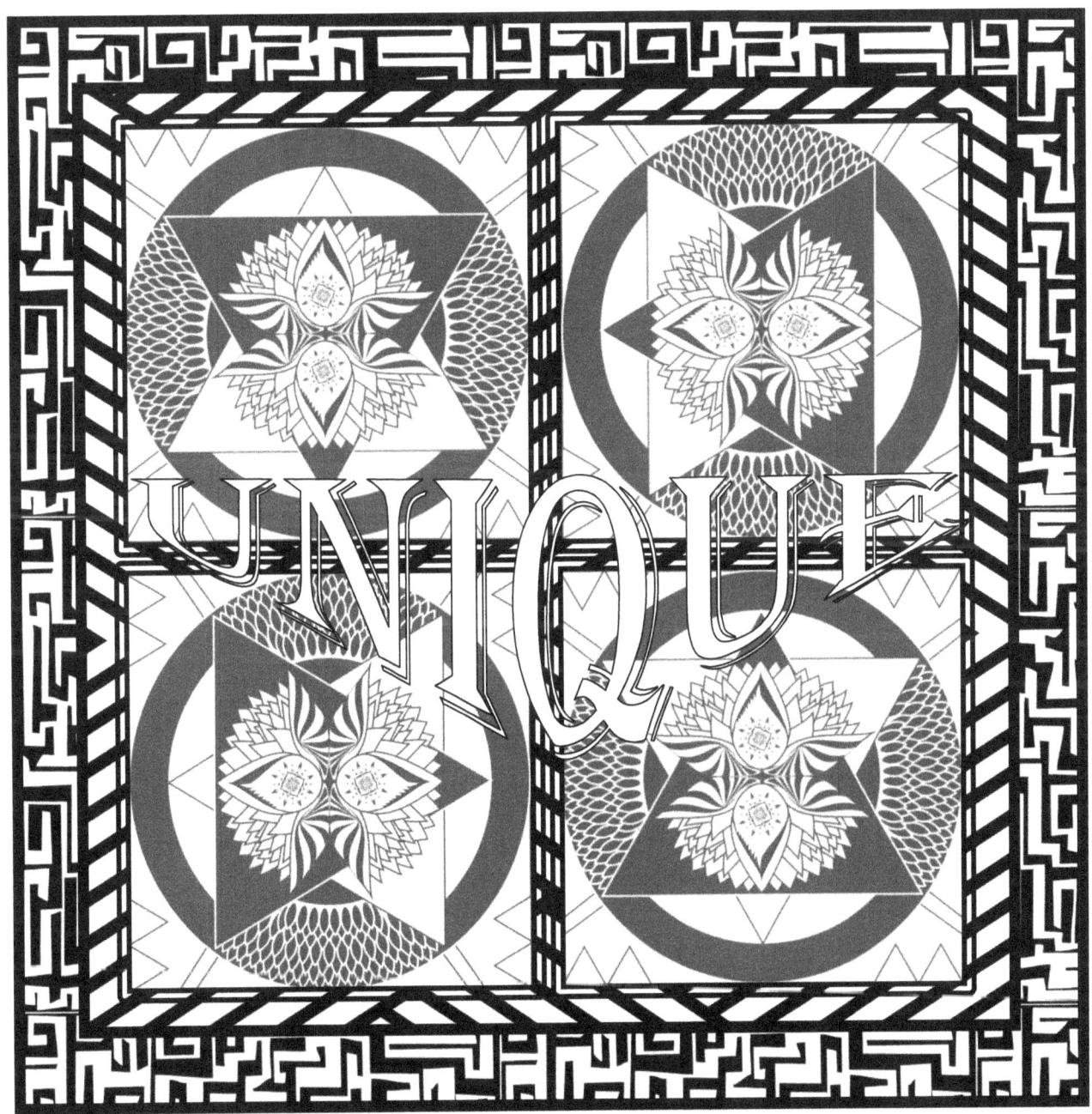

I AM

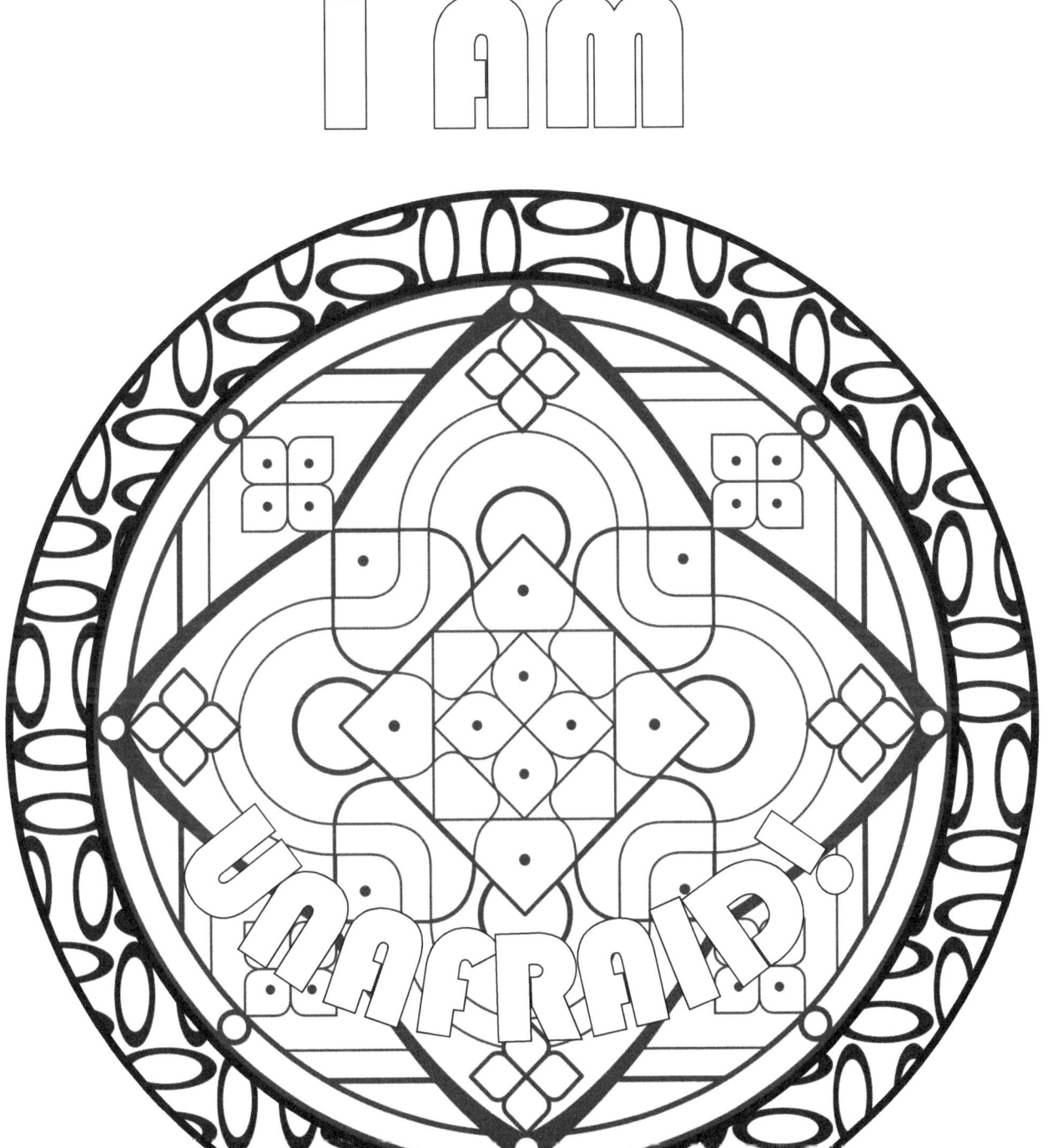

UNAFRAID!

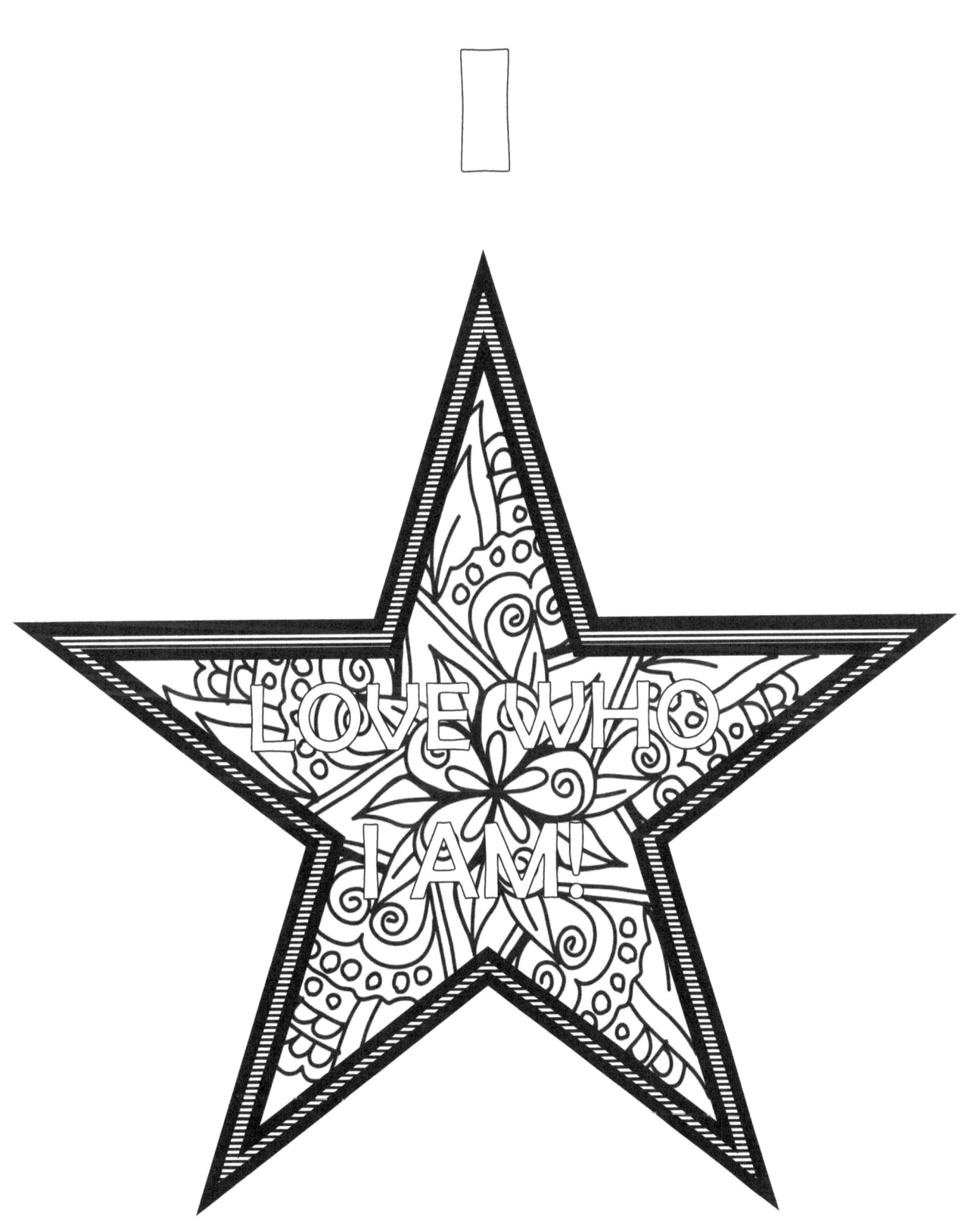

I AM

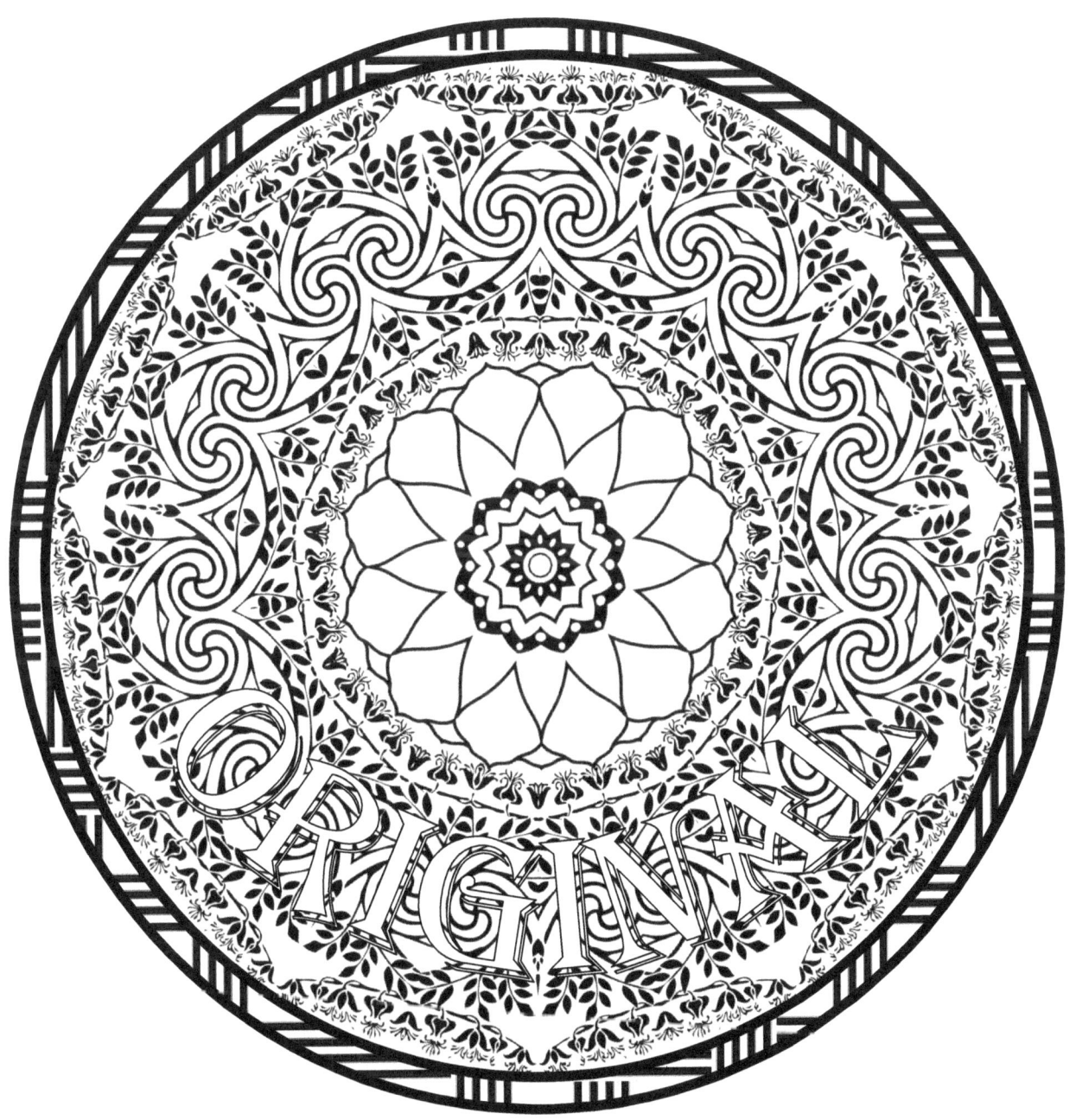

I Am

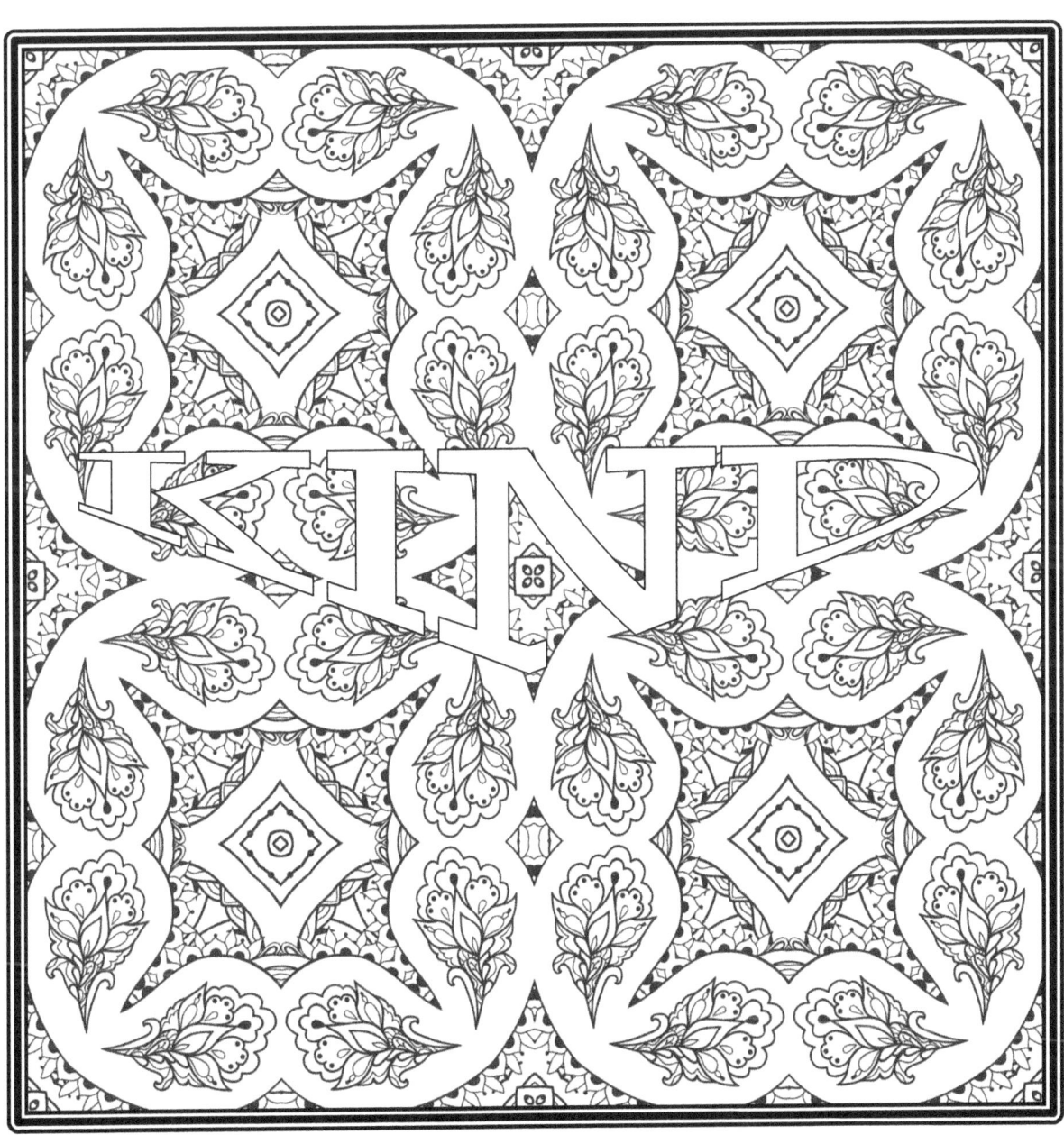

I

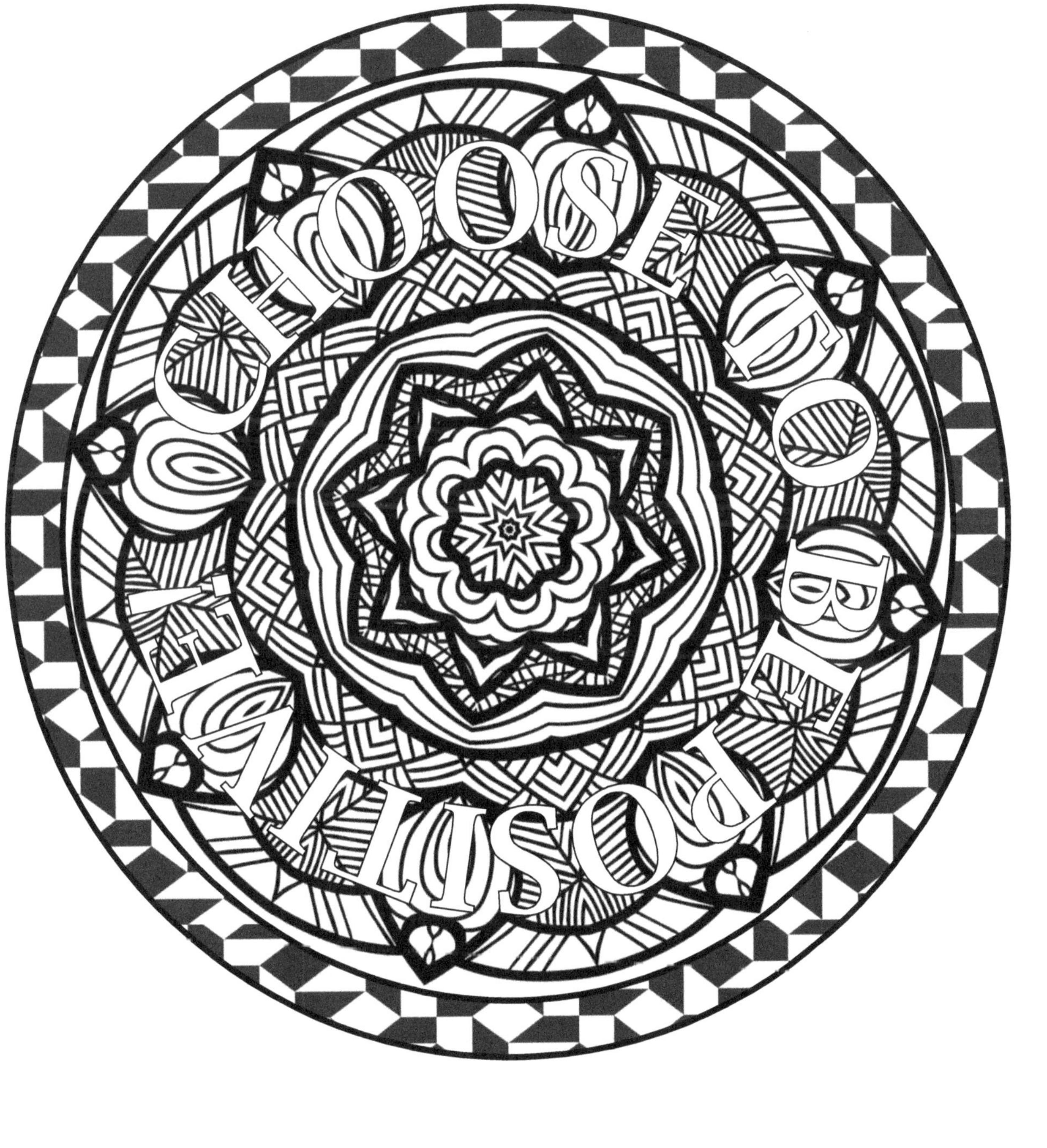

I AM

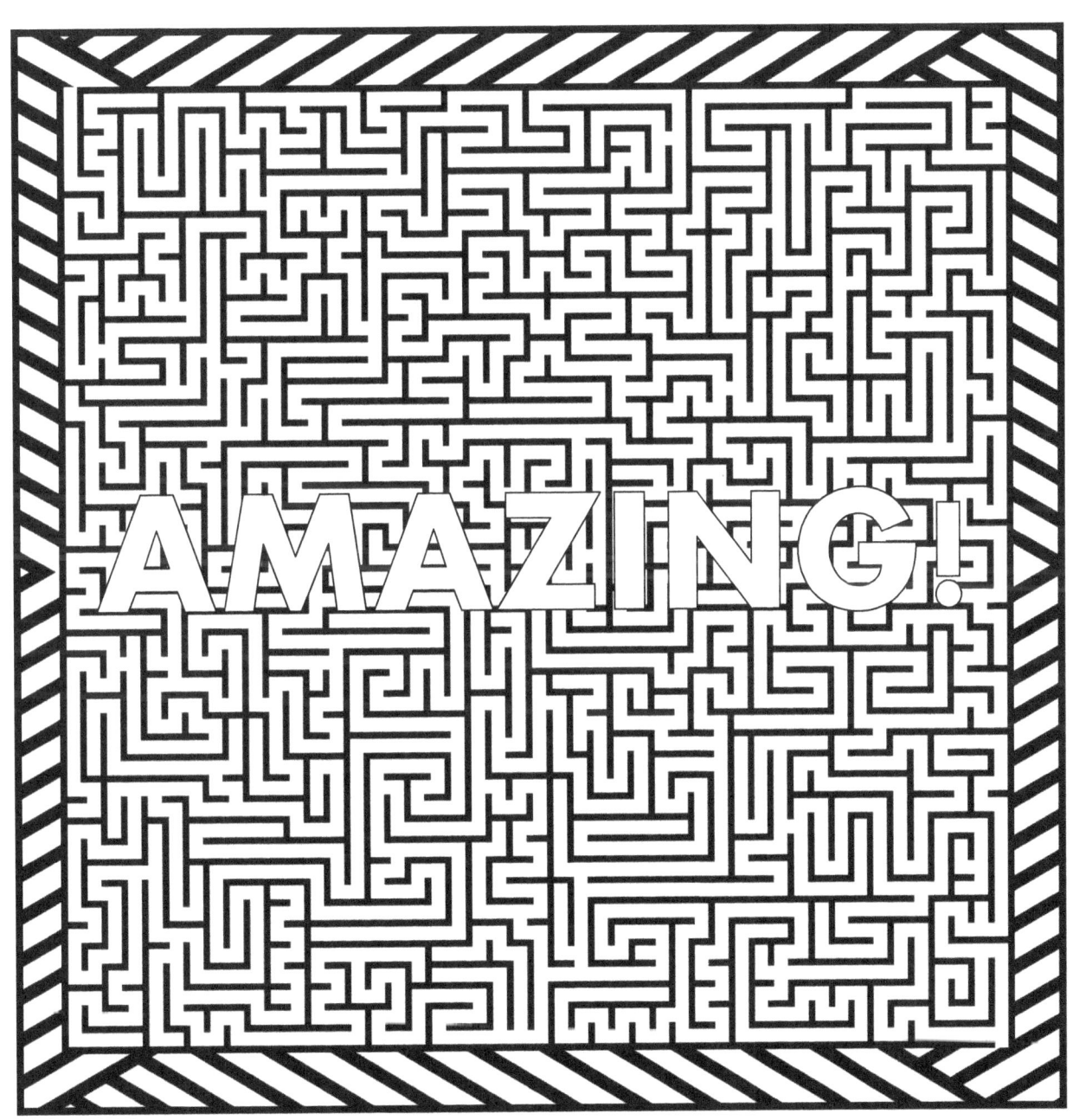

I AM

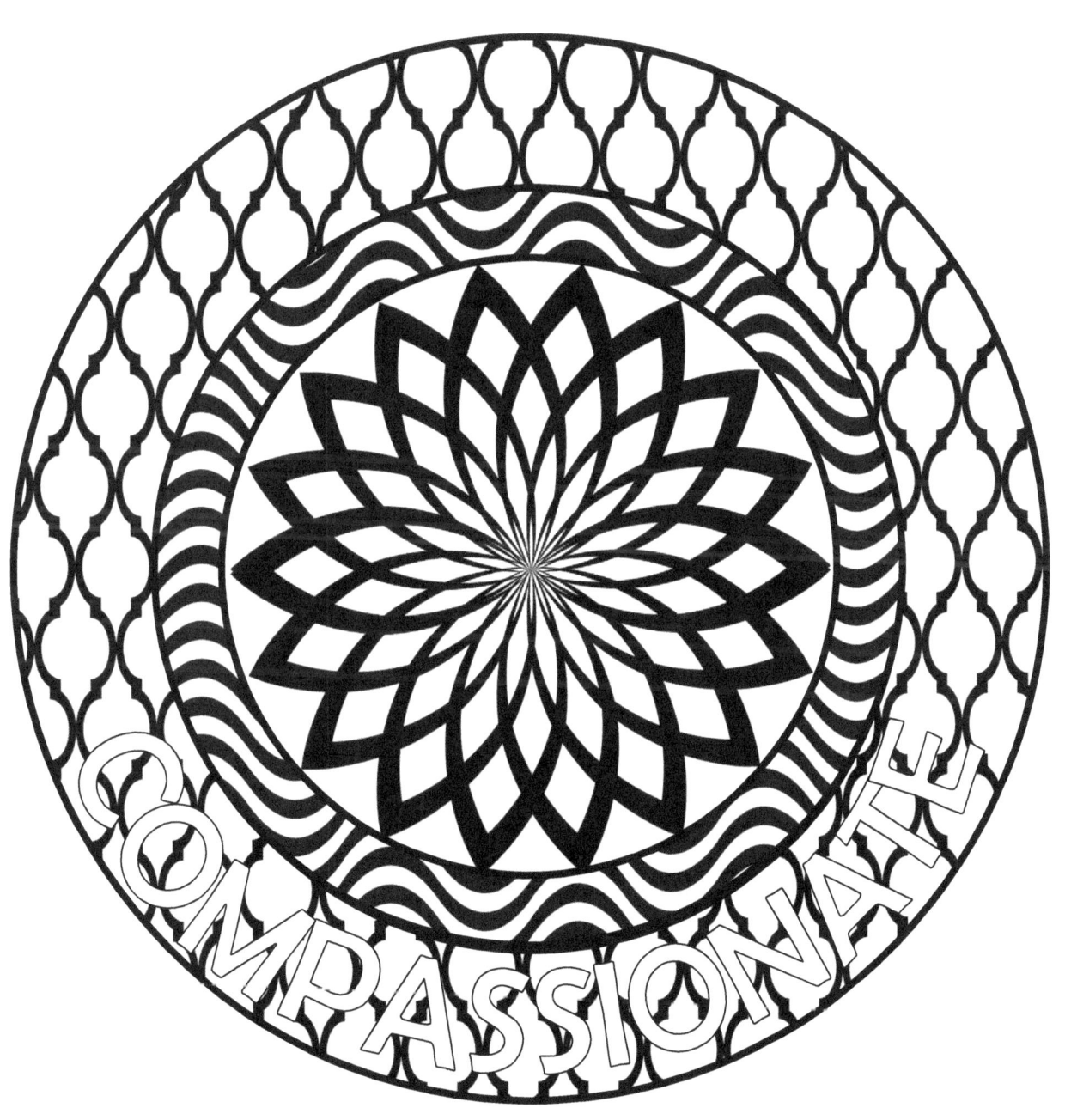

I AM

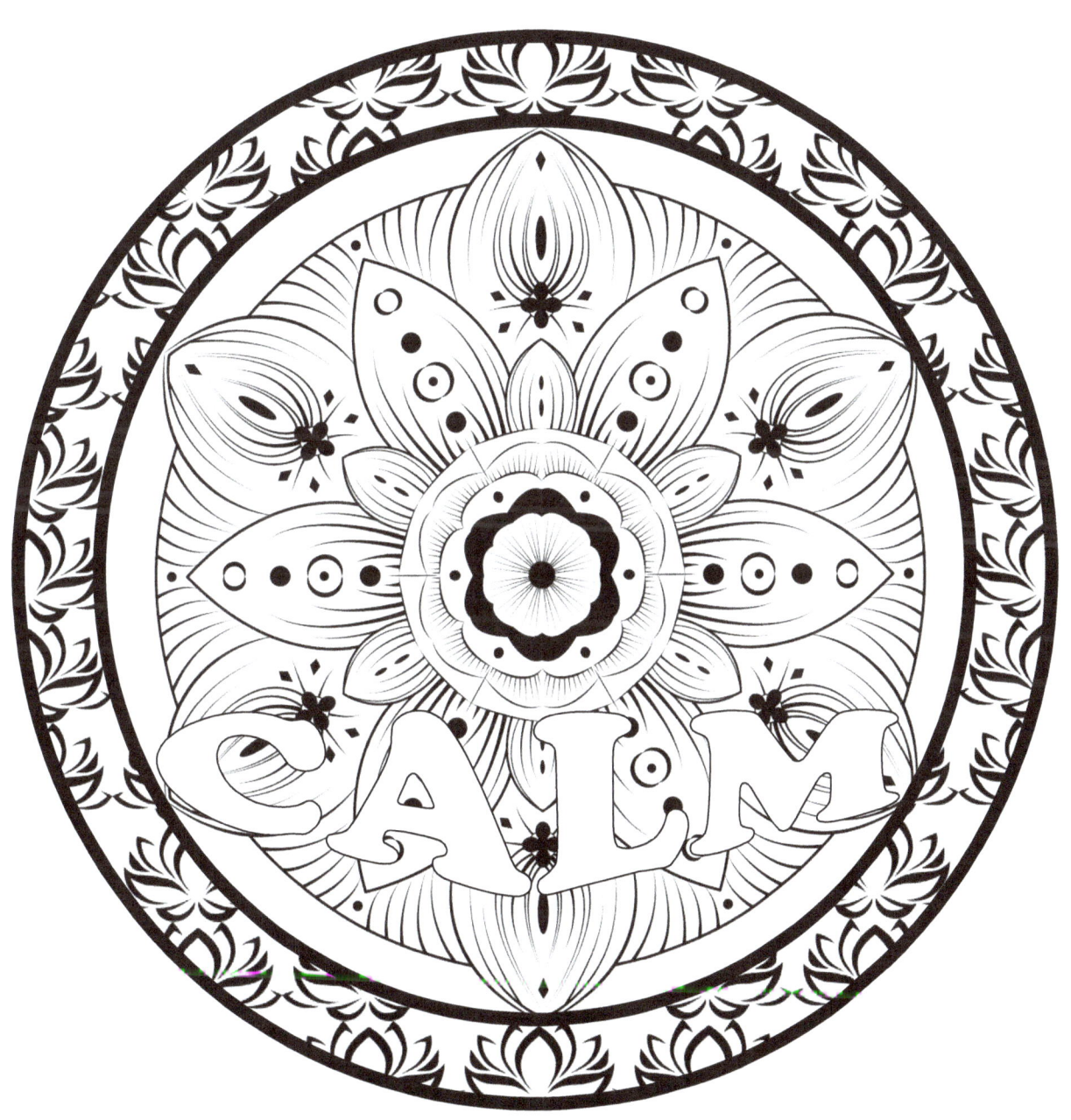

I AM

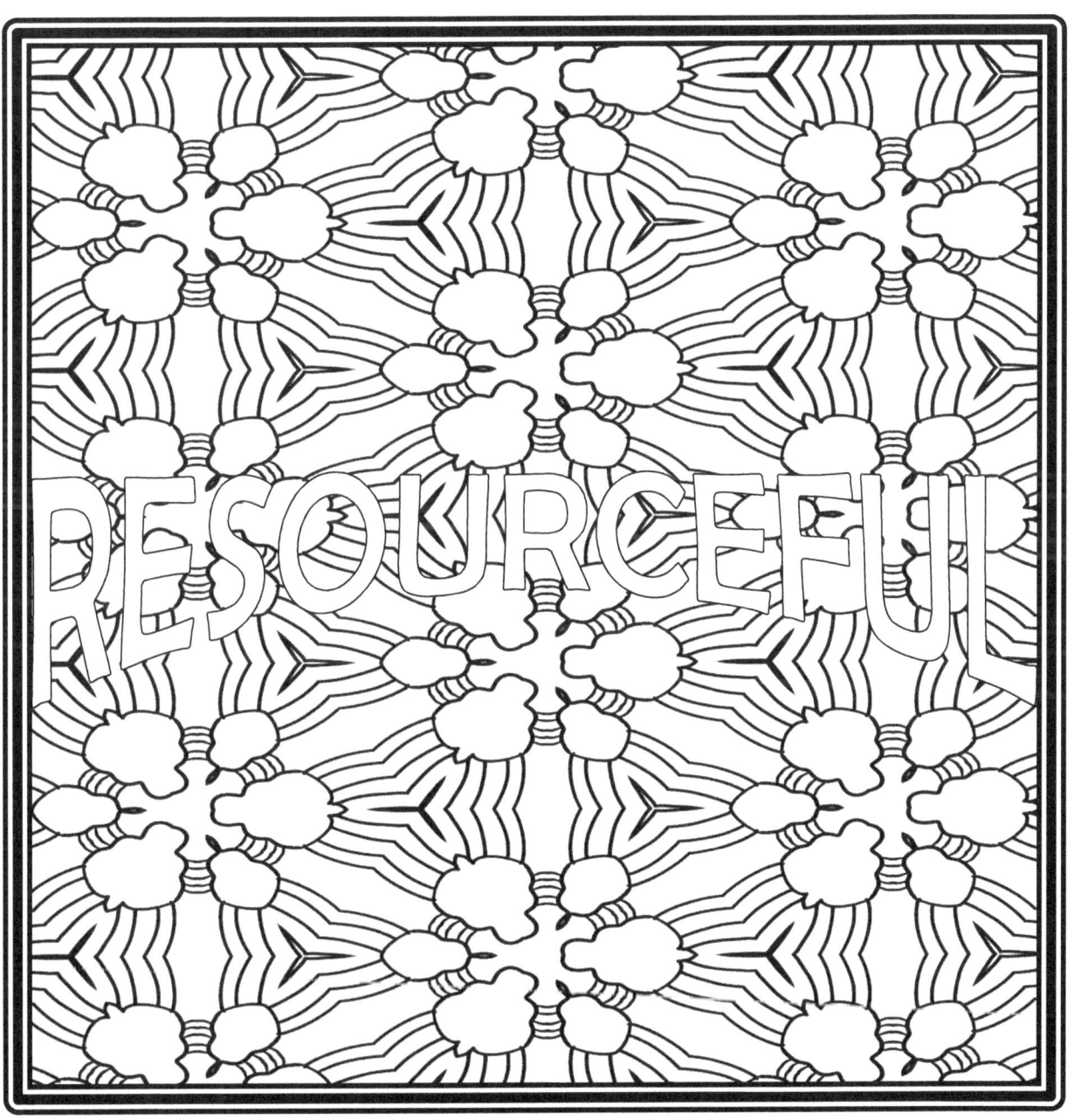

I

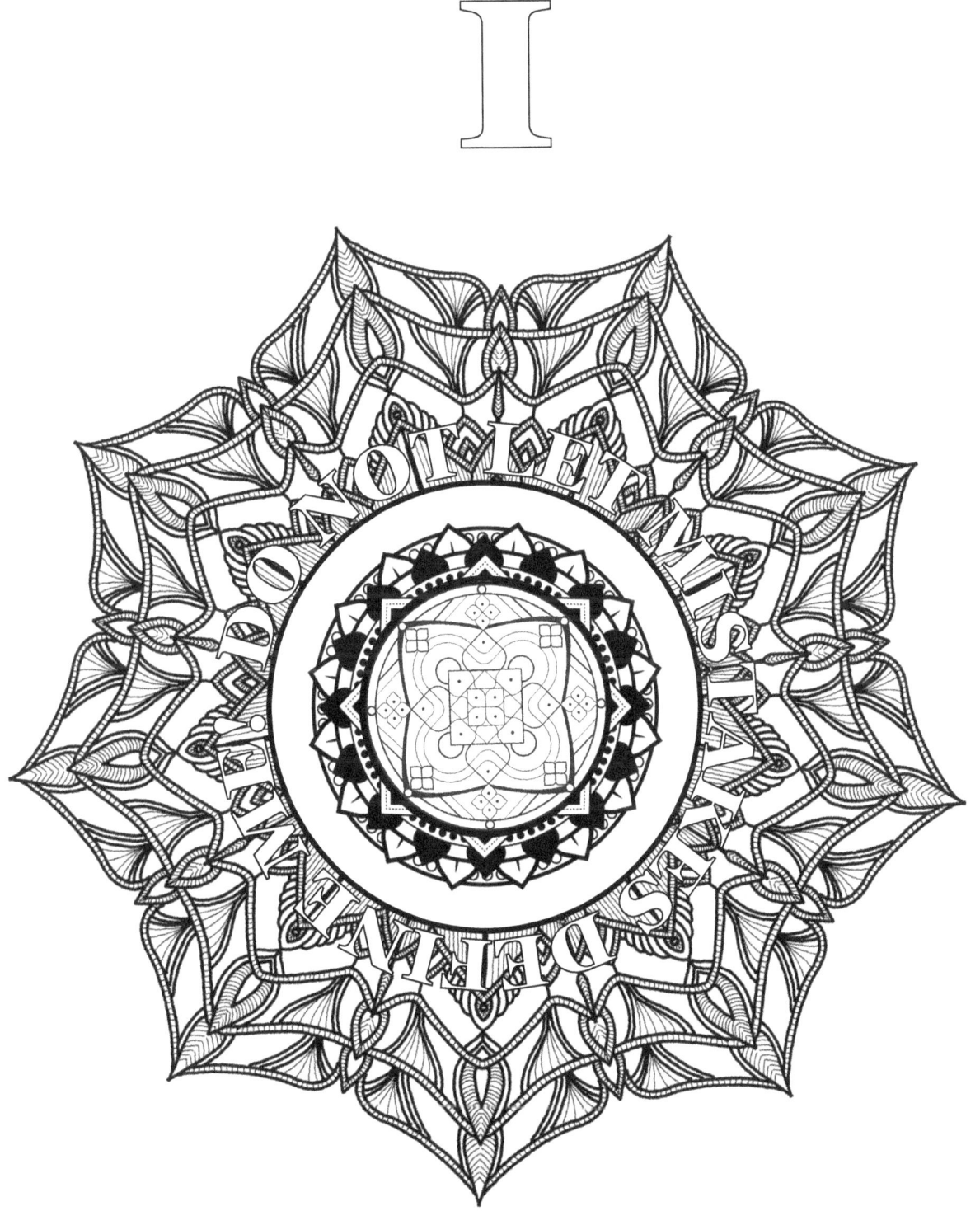

I am missing

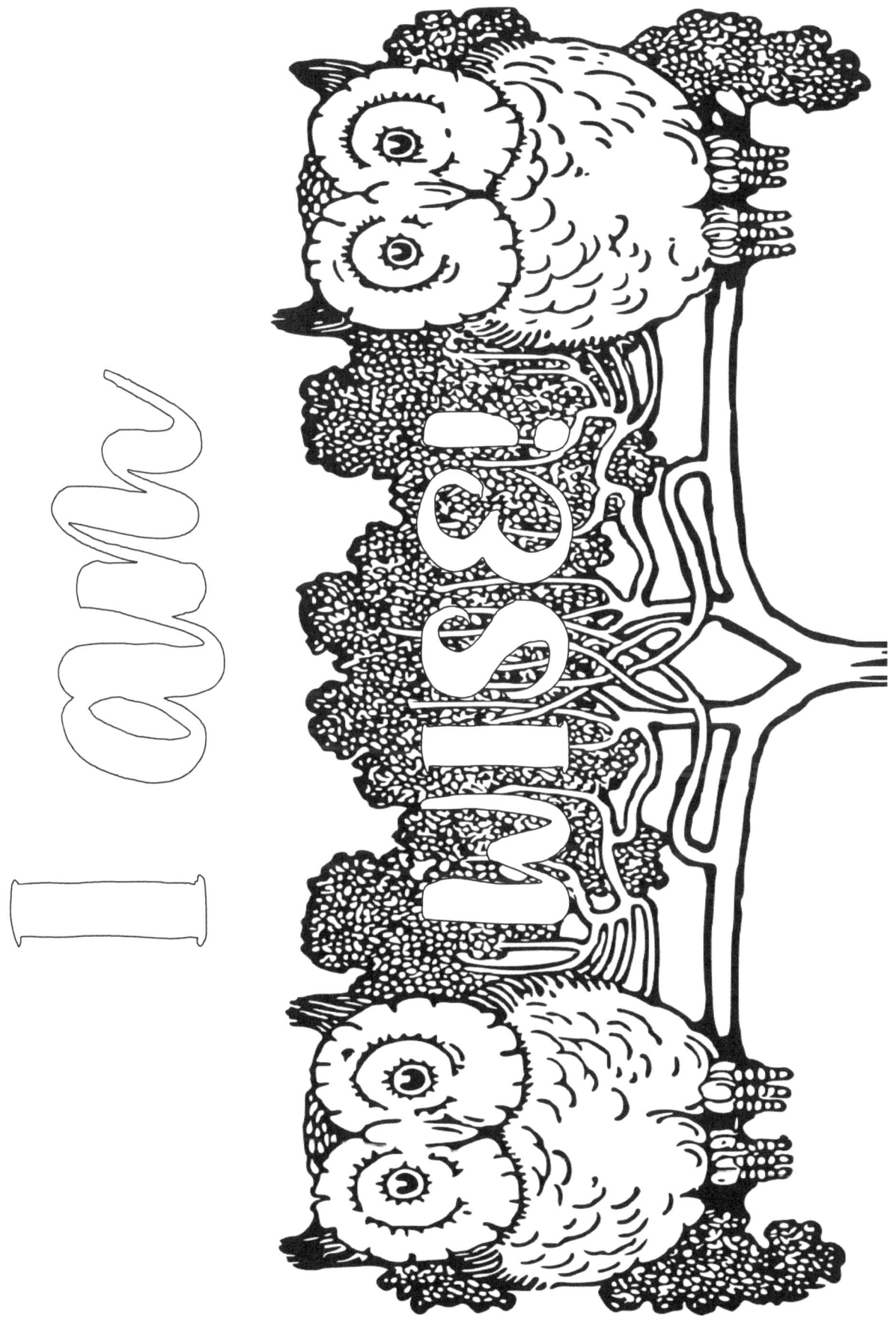

I AM

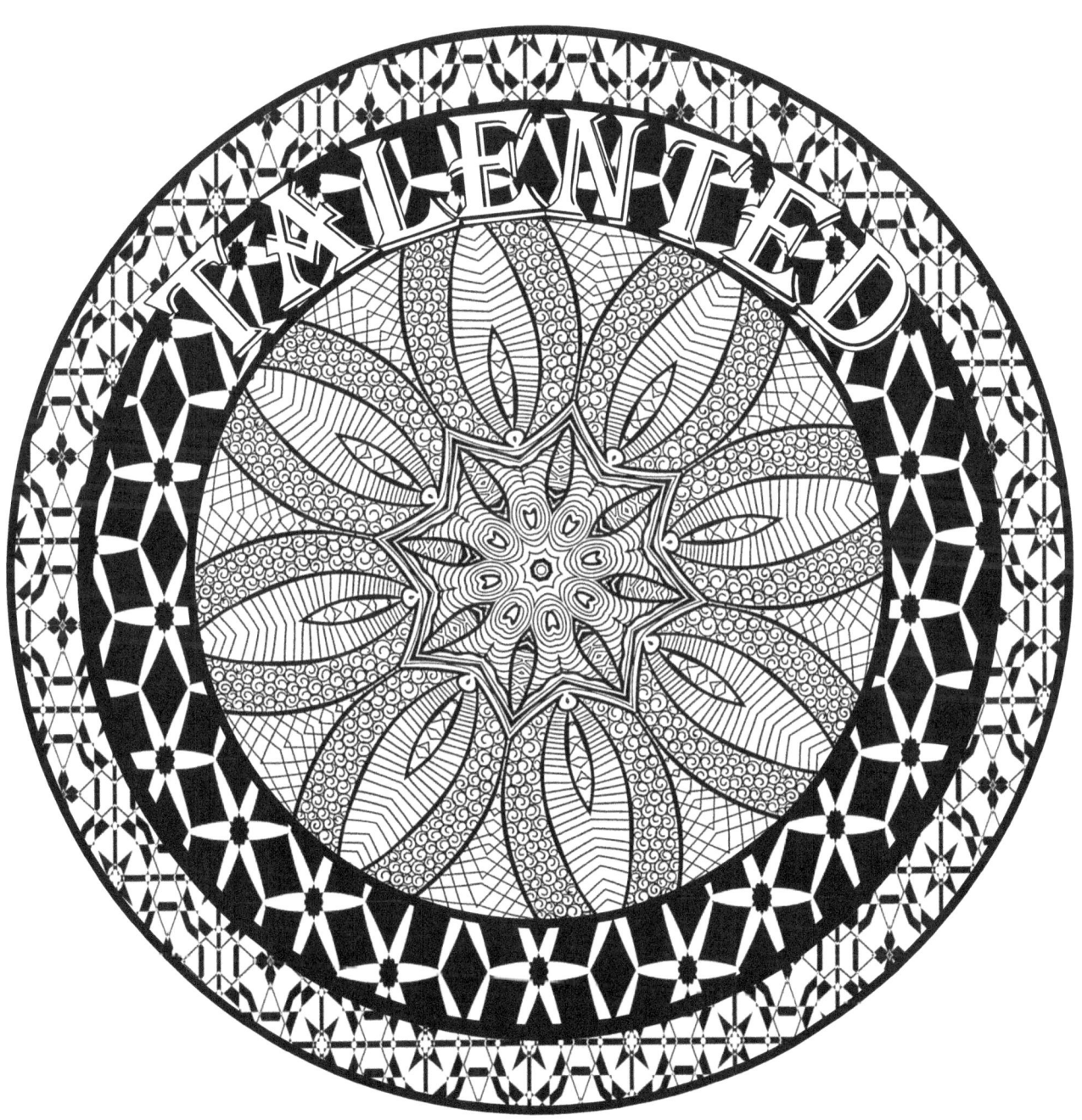

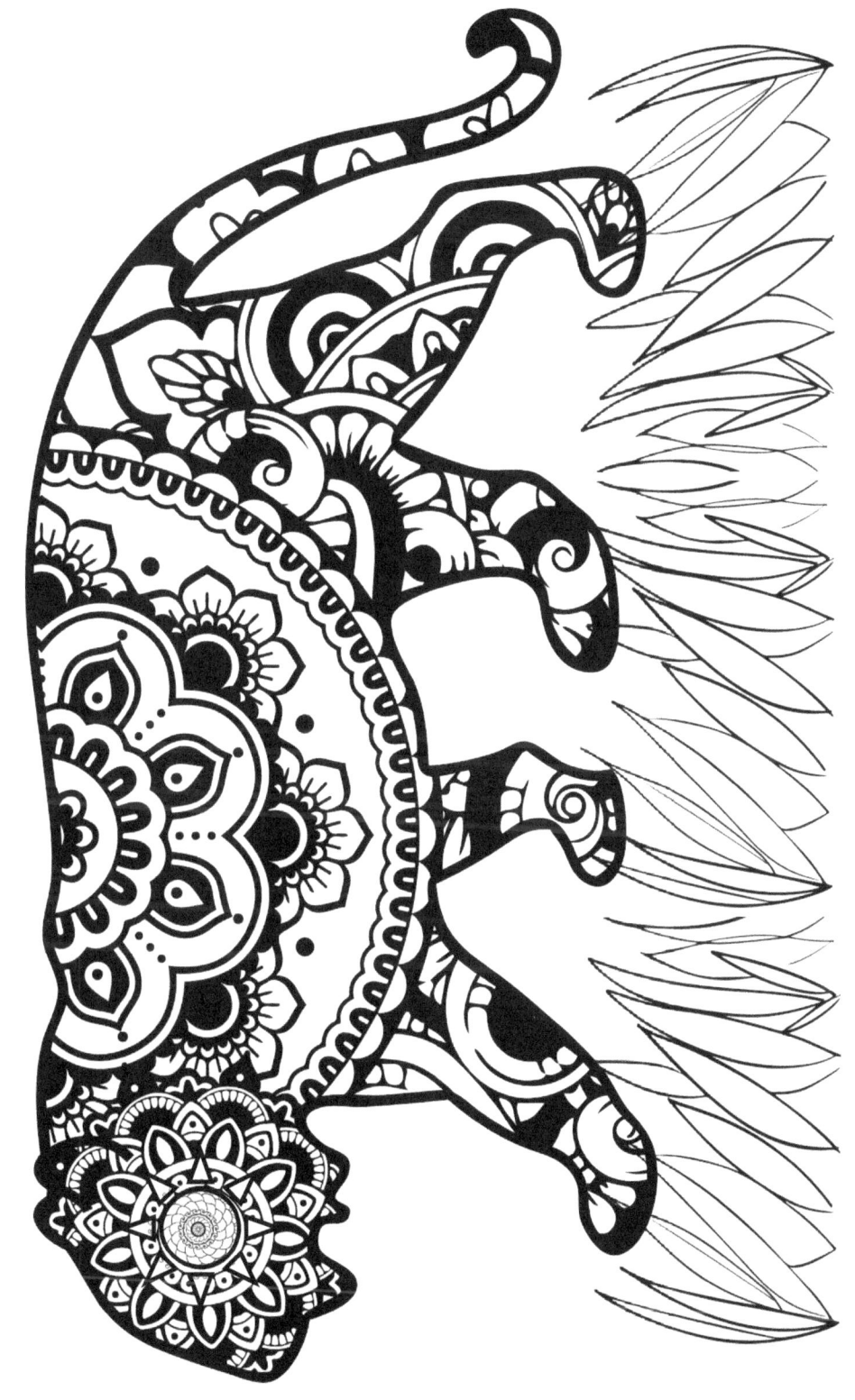

I AM

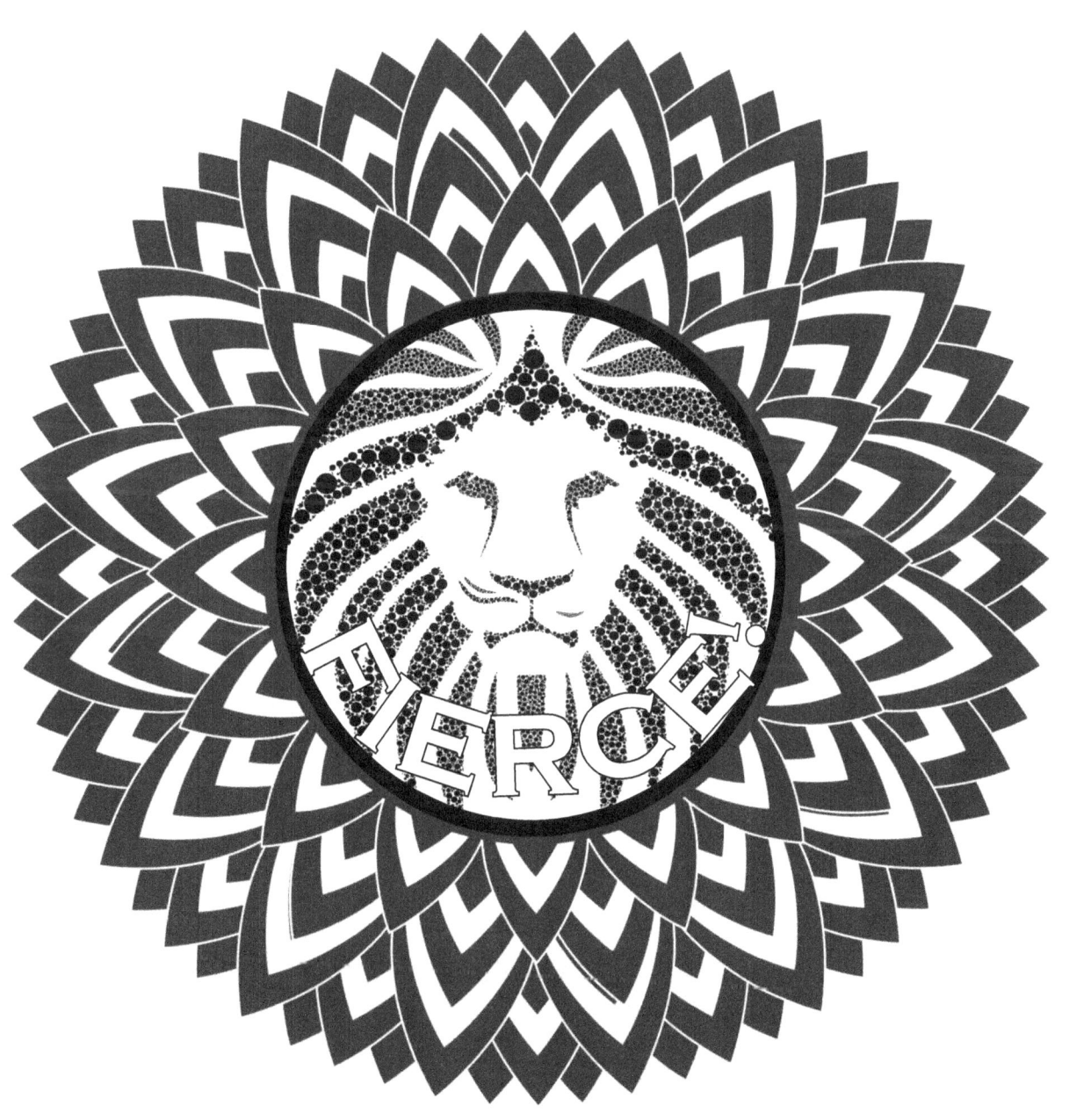

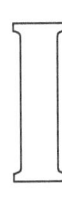

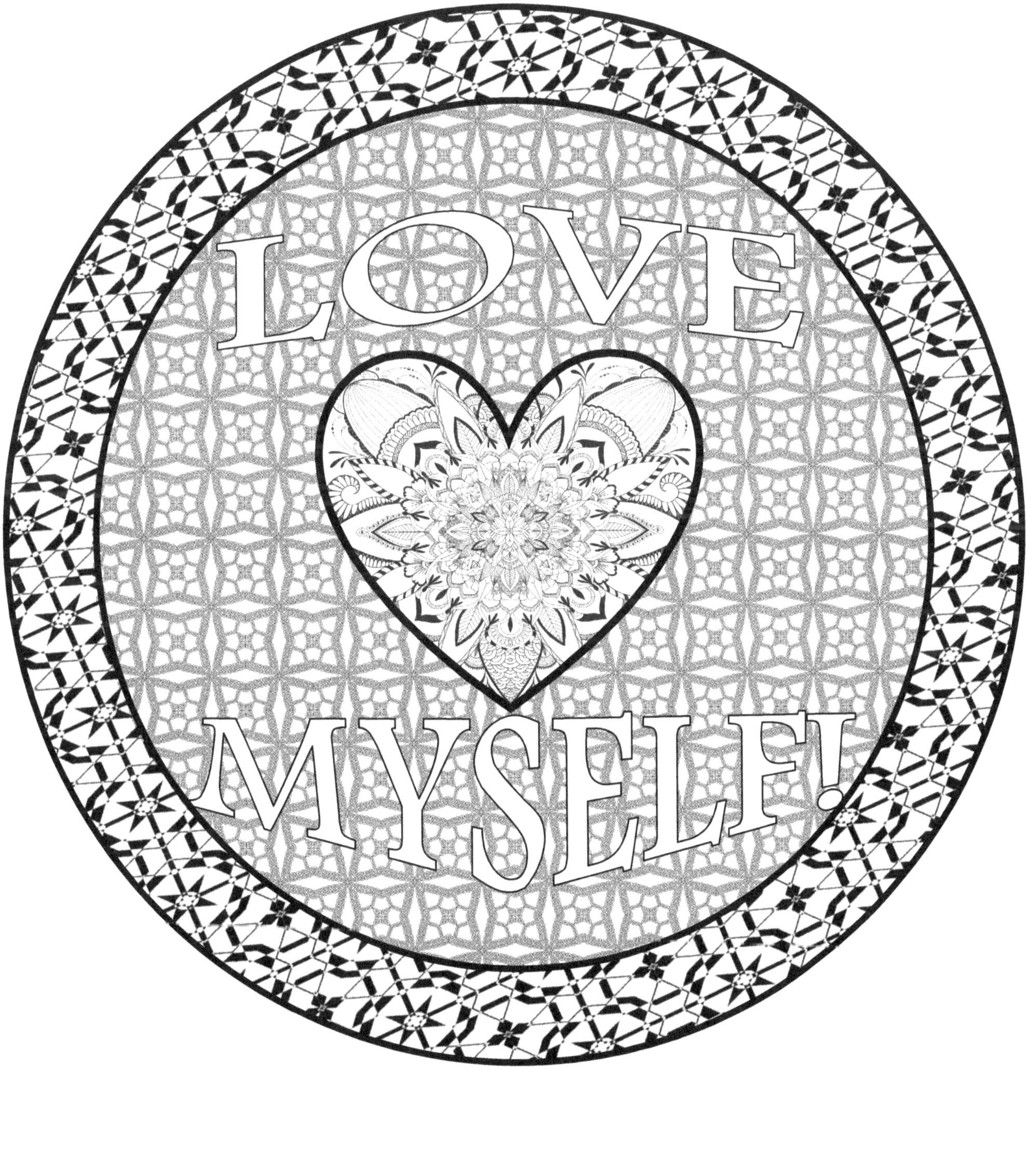

www.ingramcontent.com/pod-product-compliance
Lightning Source LLC
Chambersburg PA
CBHW080509220526
45465CB00006B/2423